我该怎么办？

班主任工作疑难问题解决方略

班主任遭遇成长困境怎么办

赵福江　主编

教育科学出版社
·北京·

编 委 会

主　　　编：赵福江

执行副主编：杨丙涛　赵敏霞

副　主　编：魏　强　杨丙涛　周　芳　赵敏霞　刘京翠

编　　　委（按姓氏笔画排列）：

　　　　　　卞　京　师婧璇　曲怀志　刘京翠

　　　　　　李　月　杨丙涛　陈秀娣　周　芳

　　　　　　赵敏霞　赵福江　顾　军　魏　强

丛书序

打牢班级的信任基础

中小学班主任工作几乎是纯粹的实践工作。"实践需要理论指导"是一种笼统的说法。这种说法是正确的,但对于每天忙碌在不断出现问题、必须立即解决问题的班级管理实践中的班主任来说,尤其是对于初入教职就担任班主任的教师来说,正确却无用。因为理论的"远水"并不能解决当下的"干渴"。班里每天都会遇到问题,遇到问题时"我究竟该怎么办",这才是他们最需要的。有些人面向市场的嗅觉很敏锐,所以书店里摆满了专门向班主任提供如何解决问题的各种妙招、窍门、秘籍、战术、招法类的书籍。这类书籍有一个特点,非常像中医的"经方",可帮助不方便就医的病人自我判断病症后自己抓药服用,故而也可称其为"药方"类书籍。然而,书到手后许多教师又会暗自存疑:为什么那么好的招法在我这里不好用呢?是我水平低还是这些招法有问题?

平心而论,这些招法(药方)本身并无太多问题。问题出在越是看起来"实用"的招法,作为一种教育经验,越是离不开其所产生的实践情境的框架性加持。就班主任工作经验来说,情境对经验(技巧)的加持程度与该经验(技巧)"看起来"是否更加实用成正比,与读者实际应用的"有效"程度成反比。即是说,当情境加持程度为满格时,人们便无法否认其百分之百的有效性,但其更换情境的可借鉴性最低;当情境加持程度减少为半格时,其操作有效性会打折扣,但其指导的广泛性则会增强;当情境加持程度消减为零时,其操作性便也随之变为零,但其普遍性指导价值却会增至最高,这通常被称为"理论"。

班主任每日每时都会遇到许多亟待解决的棘手问题,"我该怎么办"因

此也就成为每位班主任每天都挥之不去的问题。对这个问题可从三方面来分析：一是"我"，二是"该"，三是"办"。"我"是实践者，是他人经验的借鉴应用者，有着与经验提供者不同的实践情境、个人经历和个性风格。"该"同时存在两个方向：首先是理想方向，指依据教育理想，让学生得到最大限度的发展；其次是恰当方向，指适应目前工作需要，把问题处理妥当。"办"是实操，指按岗位职责要求，切实解决当下棘手问题。三方面中，"我"最关键。离开了"我"，便无法评价一个经验的推广应用是否有效；离开了"我"，也无法准确评价"该"的方向和"办"的目标（问题的"棘手"程度与"我"密切关联）。由于"我"是随着经历和经验的累积而不断发生变化的，因此，"该"的方向和"办"的目标也都会随之不断发生变化而绝不会停滞在一个水平上。

以"我"为核心来看"该怎么办"，至少包含三个层次的意思。

第一层是求助，寻求方法、技术的支持，所针对的大都是具体问题的处理。该层次的需求者多为以初任班主任为主的年轻教师。他们急切需要前辈们就带有"常识性"的问题给予"常规性"方法、技术层面的操作建议。由于此类问题每天都会遇到，数量太多，导致在正式场合反而不好意思提问，他们需要的是"药到病除"的效率和效果，因此"药方"类书籍中的经验技巧就成为他们的案头必备。这类方法、技术在"常识性"问题情境下，对于初任班主任还是很有帮助的。只是，越好用的方法、技术，通常越具有很强的情境局限性，脱离具体情境的方法分享，同样具有应用的局限性，出现"好的招法在我这里不好用"的情况就在所难免了。

第二层是追问，寻求的是超越具体方法与技术的原则、原理性的概括，所针对的是经验的总结提炼和改造应用问题。该层次的需求者，多为具有一定实践经验积累的班主任。他们经历过很多教训，也从教训中汲取了相当的经验。他们希望能够对曾经的教训和经验进行理性盘点，希望获得超越具体方法与技术的原则、原理性认知。对案头"药方"类的经验技巧，开始进行批判性阅读，尝试剥离"药方"背后的情境以及个性化背景的框架性加持，进入了原则、原理性思考层面。经过批判性追问的"该怎么办"

的建议，通常就具备了较为普遍的借鉴、参考和应用价值。

第三层是反思，寻求的是适应普遍情境的通用解决思路，所针对的是班主任工作的原理和理论问题。该层次的需求者多为经验、教训都非常丰富也非常突出的班主任。丰富，指数量足够多；突出，指经验和教训都足够深刻。正如一位优秀班主任所言：每位优秀班主任都曾经"毁"过一个班。他们的思考深度已经远远超出了原则层面的追问，触及对人性、对教育价值、对世界观的思考，也触及对多元、多阶、多轮问题的思考。他们进入的是现代教师成长发展所应达到的实践反思的高阶思维境界。他们对青年教师提问的回答，通常是以"思路"而非"技巧"的方式展现，而且至少会提供两种以上的解决思路，用方法、技术的表述方式，大致相当于说："不仅可这么办，也可那么办，甚至还可通过如此这般的方式这样办。"这种解决思路其实已经进入了理论层面，理论层面的"怎么办"建议具有普遍适用性。

如果能从"我该怎么办"这套书的案例中读出上述三个层次的内容，说明读者已具有了实践反思的高阶思维品质。到达这个层次的读者，也许会得出一个更为简洁的结论：班级信任关系是一切问题的根源、一切工作的起点、一切问题解决的根本所在。

耿申

北京教育科学研究院

目 录

1
面对全媒体时代带来的压力与挑战，怎么办？　/ 1

· 全媒体时代，教师的困境　/ 2
· 全媒体时代，教师的机遇　/ 5
· 全媒体时代，教师的素养　/ 9
· 全媒体时代，班级工作的应对　/ 12

专家视点
· 论全媒体时代班主任的自我更新　/ 17

2
班主任工作感到孤立无援，怎么办？　/ 23

· "四面楚歌"，转变观念脱困境　/ 24
· 三管齐下，以心换心请"援兵"
　　——凝心聚力，开发学生资源　/ 29
· 三管齐下，以心换心请"援兵"
　　——真心付出，换取同事帮助　/ 31
· 三管齐下，以心换心请"援兵"
　　——携手同心，形成家校合力　/ 34

1

专家视点

· 班主任工作的系统关照与"真我"坚守 / 37

3

班主任工作得不到学生认同，怎么办？ / 47

· 主动出击：用魅力赢得学生 / 48

· 自我反思：用真诚打动学生 / 51

· 中途接班：用智慧融入学生 / 53

小贴士

· 班主任获得学生认同之"三忌五宜" / 60

专家视点

· 以班主任领导力提升促成学生的持续发展

——基于班主任工作与学生认可度间的关系 / 62

4

班主任职责"无疆界"与精力有限发生矛盾，怎么办？ / 71

· 同是老班，两个样 / 72

· 各司其职，有图有真相 / 76

·"勤"班主任，有"懒"办法 / 80

特别推荐

·"提效"是解决矛盾的关键 / 83

专家视点

· 创新管理模式　提升专业素养 / 87

5

班主任心理压力太大，怎么办？ / 93

- 认知关键：改变视角，回归平衡心态 / 94
- 解决根本：接纳焦虑，不断提升自我 / 96
- 实用方法：分清界限，提高办事效率 / 99
- 释压途径：身心兼顾，适当转移注意 / 104

专家视点
- 难以承受之重：破解班主任的心理压力 / 109

6

班主任总忍不住对学生发火，怎么办？ / 117

- 识"火"：发火绝非最佳教育方式 / 118
- 用好几种"灭火器"
  ——怒火来袭，及时自我调整 / 120
- 用好几种"灭火器"
  ——怒火难控，请学生帮忙 / 124
- 用好几种"灭火器"
  ——发火之后，须及时补救 / 129
- 调节心态，让"火山"不再爆发 / 131

专家视点
- 宽容学生　提升自己 / 135

7

班级安全责任压力过大，怎么办？ / 141

- 多方教育，锻炼能力 / 142
- 排查隐患，构建网络 / 149

·厘清责任，依法处理 / 154

专家视点
·应对安全问题的原则和技能 / 157

·难以承受的生命之重
　　——班主任何以承担安全责任 / 160

学习优秀班主任经验效果不佳，怎么办？　/ 165

·探因：经验为何不可复制 / 166

·求解：向优秀班主任学什么 / 169

·寻径：怎样向优秀班主任学习 / 174

小贴士
·学习的三重境界 / 182

专家视点
·我们向优秀班主任学什么 / 184

教育理想与现实落差很大，怎么办？　/ 191

·遭遇落差
　　——理想很丰满，现实很骨感 / 192

·面对落差
　　——给教育理想"瘦身"，让现实生活"增肥" / 194

专家视点
·班主任如何弥合理想与现实之间的距离 / 205

10

班主任出现职业倦怠，怎么办？　　／ 211

- 找准定位，明方向才不会迷路　／ 212
- 转变认知，好心态成就好工作　／ 219
- 自我提升，有能力方不惧倦怠　／ 224

专家视点
- 班主任职业倦怠的破解之道　／ 228

面对全媒体时代带来的压力与挑战，怎么办

全媒体时代，教师的困境

案例

全媒体时代给班主任带来的困境

全媒体对班主任工作来说是一把双刃剑，全媒体时代给班主任管理学生带来了很多困难。

搜索引擎——知识易得，权威不在。随着网络信息搜索方式的发展，学生获得知识的方式发生了巨大变化。他们可以轻松获得比课堂教学更全面、更丰富、更有趣的知识；大部分作业，都可以通过网络搜索找到答案，因此，学生对教师的知识依赖感大大下降，不再认同教师的权威。

信息传播——全球同步，随时失控。全媒体使得学生可以通过"任何方式"，在"任何时候、任何地点、对任何人"进行信息传播，这打破了传统主流媒体的话语权壁垒。同时，全媒体还使信息内容与信息主体分离，令信息主体更大胆和随意。为此，虽然不少学校已想出很多办法来加强信息管控，如禁止携带手机、使用内部网络等，但班主任们也无奈地发现，在全媒体时代，坏事快速传千里，好事也会出远门，无事还会乱生非。这些都给管理工作带来了许多困难。

师生沟通——渠道很多，效果堪忧。全媒体时代，师生之间的沟通变得随时、随地和随意。传统的正式沟通在师生沟通中所占的比例将越来越小。利用媒介的沟通方式越来越多，但沟通效果却亟待评估。例如，学生向老师发了一条祝贺节日快乐的微信，从这条微信中很难捕捉学生的情感信息。同样，班级群中家长对老师的支持也不一定能反映真实信息。

虚拟群体——参加越多，氛围越差。 班级 QQ 群、同学录、班级微信群等全媒体工具改变了班级氛围，也同样带来了问题。比如，学生刚开始使用互联网时，可能都是为了沟通信息，促进学习。但久而久之，诸如老师的八卦、小道消息，甚至一些为了取悦大家的纯娱乐信息就会铺天盖地。还有的班级分成"聊天派""游戏派""论坛派"等，各自形成了小群体，弱化了班级正常的集体氛围。

全媒体时代好像一个大旋涡，在日新月异的同时，更会有失控的技术和行为。我们只有正视和理解全媒体给教育带来的影响和冲击，适时地调整思路和方法，才能在全媒体时代从容前行。

（顾元浒，刘黎，甘肃省武威市第十中学）

幸好，"B 计划"尚未实施

这节课是 142 班的语文课。课前三分钟，我习惯性地清点人数，结果发现少了小祥。不问不打紧，一问惊出一身冷汗——一些学生正准备实施"B 计划"。

何谓"B 计划"？

原来，142 班的班主任陈老师是个新手，平日与学生倒是能"打成一片"，但管理班级就如一些老教师所说的"有点罩不住堂"。一个活跃的班级遇到一个比较刻板的班主任——"老陈"，自然不可避免地会发生冲突。特别是老陈有个不太好的习惯，课堂上对调皮捣蛋的孩子常会举起巴掌，虽是假动作，但这帮"散养"的孩子如何受得了！早就听说小祥他们私下商量，准备安排人故意惹老陈"出招"，由专人拍成视频，然后传到贴吧，让老陈出出丑——这就是他们所谓的"B 计划"。为此，我还专门提醒过老陈两次，没想到老陈这回还是"中招"了。

未经"拷问"，几个参与"作案"的学生就全招了：小祥现已混进学校机房传视频去了。因为几个"主谋"认为，这是发生在学校的"丑闻"，所以不能占用自己的流量——多么深谋远虑的"B 计划"啊！

快！来不及感叹这些孩子的"智慧"！我赶紧打电话给电教中心——"锁定小祥"，并通知班主任老陈马上到现场……

还好，"B 计划"尚未实施！后来听老陈说，发现小祥时，他已混入教室，正襟危坐地听讲呢。问他"发视频了吗"，他说"没有，其实就想制造点'动静'，让班主任陈老师收敛点"。真让人哭笑不得呀！

结果如小祥他们所愿，这次的"动静"可真不小！下午放学后，先是班主任会，紧接是全体教师会，整整开了三小时……。我想，老陈这回肯定会吸取教训，因为三小时的会，光是他进行深刻的"忏悔"就占了大半的时间！用老陈的话说"这可不是开玩笑的"，"如果真的发了，我也没什么可抱怨的"。

难道不是吗？全媒体时代的舆论传播有其自身规律与特点，它可以截取社会任何个体言行的一个片段，对其意义做难以置信、无限制的放大或扭曲，从而导致不可思议或者极其严重的后果。这已然成为一个不容忽视的社会现实。互联网确实给我们的生活、工作等方面带来了诸多便利，但由于教师职业的特殊性，我们是不是也该更加谨言慎行，注重自身形象呢？

（杨庆华，江苏省连云港市灌南中等专业学校）

全媒体时代，教师的机遇

案例

以"微"知"著"

只因一个心仪已久的学习活动必须通过微信获取相关信息，我才被迫开始了与微信的接触。虽然微信早在 2011 年年初就推出了，虽然身边不少朋友在用，虽然学生多次跟我提起"老师，摇一摇"……，但我一直没有使用。

是的，我坚持着做个所谓潮流之外的人！究其原因，多多少少有些意气用事。作为一名中学教师，当网络越来越全覆盖、手机越来越智能化、各种社交媒体不断推陈出新，当我的学生越来越多地低头、越来越多地沉迷游戏、越来越多地不爱学习，我非常不满，因为我是那个一直跟这些媒体苦苦较劲、总想夺回孩子们的心，却常常处于下风、倍感无力的老师！我气，气孩子们抗不住诱惑，更气这些媒体有这么大的"魅力"！好吧，无可奈何中，我一边绘声绘色地给孩子们讲这些媒体让人玩物丧志的故事，一边跟家长一起挖空心思地想办法减少孩子们使用这些媒体的次数。说实话，结果越来越让我有种深深的"螳臂当车"的感觉！

不入虎穴，焉得虎子，于是，我开始使用 QQ，感受到了很多便利，然而因为自己不太熟练的操作技术，体验也没那么深刻。直到开始使用微信，借由朋友圈和群中看到、听到、感受到的，让我深深地为自己以前的"无知""武断"而惭愧，我庆幸当时入"虎穴"的决定让我抓住了这样一个好机缘，让我的职业生涯发生了改变！

学习，尤其是不断学习新的理念是教师职业生涯必不可少的，然而日常教学任务繁杂、班级管理工作千头万绪，还有自己家庭的种种事，且不说外出学习机会少，就是有机会也常常是心有余而行未成，于是只有靠自己看书刊学习了。而现在，借助微信的公众号、朋友圈、好友分享等，不仅大大降低了学习成本，有了越来越便捷的途径跟一些专家、高手及时学习，而且这个过程中常常会有"滚雪球"一样的惊喜——偶然看到一篇很有感觉的文章，赶紧关注公众号，就会发现一系列相关文章，读得那叫一个过瘾；偶然从朋友圈看到一个推荐，顺藤摸瓜下来就顺势加入一个志同道合的微信群，与群友们一起讨论、分享，聊得那叫一个畅快！最开心的事，莫过于发现如今日益兴起的微课。微课不再是一些文字、图画了，可以借由声音来学习和交流互动，即使当时无法在线，四十八小时之内还是可以"爬楼"的！两年下来，借助微信学习的感觉真好！

班级管理工作少不了家长的助力，而微信的语音功能在家校合作过程中发挥着我始料未及的作用。我们常说，每个职业都有岗前培训，而对于如此重要的孩子教育，家长们在成为父母之前又受过多少相关培训呢？鉴于此，我建立了班级家长微信群，不仅及时互通孩子们的情况，通知班级近期的安排，我还在群里每月双周四开讲微课，结合学生的年龄特点和班级当前情况，把网络上浩如烟海的种种教育理论知识和方法技巧筛选出来推介给家长，并结合一些关于孩子的时事新闻邀请家长一起讨论分析。这种语音分享的方式，不仅受爸爸妈妈的欢迎，有的家庭甚至爷爷奶奶也都是每讲必听。结果是，面对着青春期的孩子，来跟我诉苦的更年期妈妈少了，相约群里讨论分享育子经验的多了；被我叫到办公室谈孩子种种状况的家长少了，相约群里学习感悟自我成长的多了。家长们不断提升的同时，班级也越来越好带。微信让我感受到了家长们那份巨大的支持。

当然，必须提及的是，但凡用过QQ、微信的人都知道，它们用起来千般好的同时也有一个最大的弊端——花时间！太多让自己心动的好东西，一不留神时间就过去了！在使用微信的两年时间里，我一直有意无意地调整自己的使用节奏。比如，好东西总舍不得放过，结果精力肯定顾不过来，于是我就学习筛选——筛选关注的公众号，从最多时候的五十多个公众号到现在只留下九个；筛选朋友圈，从一开始被朋友圈淹没到现在重点好友的相册才会显示；筛选微信群，从一开始别人一拉我就进，到现在只有跟自己近期工作和学习相关的，我才加群！再比如班级家长群的管理，约定好每天班主任与家长互动的时间，这样我和家长在其他时间就可以安心做自己的事情而不必担心错过重要的事情，真有急事就电话联系；家长微课堂仅单向听是不够的，我就和家长约定专门的反馈时间，就实践的情况再分析探讨。凡此种种，不一而足。

总之，借着微信这方小天地，我看到了自己原来还有这么大的提升空间。也正是在使用微信的过程中，我开始真正地理解学生，能跟学生们分享成长心得。由此可见，一味排斥会让我们失去先机，顺势而为抓住机缘，关注各种利弊不断提升自己才最为关键！

（邵慧，湖北省鄂州市第四中学）

 案例

在全媒体时代里"打天下"

这几年，面对越来越多的网络研修和网上培训，面对越来越精细、科学的量化考核，面对家长和学生越来越高的要求，我感到压力很大。快速成长已成为我生活、工作的迫切需要。

为方便大家交流学习，学校和课题组都建了群，于是我就有针对性地加了几个群，先是跟着"阳光心灵会所"群的老师每周参加体验学习，学会了许多有意思的游戏，并把这些游戏拿来给学生、老师上团体辅导课，大受欢迎。还认识了好多心理学家，学习了他们的研究成果，让自己的心态变得更加健康。后来看了"小学教学研讨群"的名师录像课例,受益匪浅。还先后在"作文研究中心群""新课程研究群"听了一些习作课、作文指导课、阅读课,都是一些专家级大师的课,平时很难听到,对我触动很大。我把学来的方法加以归纳、总结、提炼,亦步亦趋地用在自己的课堂上,效果之好,出乎我的意料。我很庆幸在自己的成长路上遇到了许多名师,引领我成长。

网络平台上有全国各地的老师,有才有能的人太多,大家不时发个链接,有的是博客,有的是微信,有的是QQ空间。打开链接,我读到了许多优秀的思想,接受了最新的教育理念,也学着建立起了自己的博客。我开始记录自己的教学生活、课堂收获、教育人生,并将一些文章投稿。一年下来,在各大报刊发表了近二十篇文章,成为学校发表文章的第一人。在网络平台上,有什么疑难问题还可以请教各位专家,他们都很热心。在群里,还可以分享优秀课件、好的教学设计和评课稿等。

在群里,不时有人邀请我参加活动。面对众多的邀请,我根据自己的需要和时间进行安排,比如有时早晨参加"国学养生育儿"的学习,晚间参加"沙盘游戏指导培训"的讲座。作为语文和心理老师,沙盘成为我的主攻对象,"沙盘游戏作文""儿童沙盘的应用案例""儿童沙盘游戏"等课程,对我的启发尤其大,让我找到了帮助班里几个单亲家庭孩子的法宝。

罗丹说:"艺术感人之深浅,在于创造艺术的人对艺术的痴迷程度。"对教育教学的痴迷,使得其成了我的追求、我的至爱。在全媒体时代里,我不断坚持学习,通过反思与实践让自己获得成长,让自己的羽翼日渐丰满。

(徐莲香,甘肃省酒泉市南苑小学)

全媒体时代，教师的素养

全媒体时代班主任的自我修炼

全媒体时代自有其优越性，尤其对于未成年的孩子有着极大的吸引力。但我们始终要看到，教育究其根本是心灵的对话，是人与人的沟通，是情感的相互传递，而这些正是班主任自身所具有的极大优势，是任何媒介所无法比拟的。不忘初心，方得始终。只要班主任能立足当前时代，转变观念，积极探索，加强自我修炼，全媒体时代便可为我们的专业成长提供广阔的空间。

怎样才能更好地适应新时代的要求呢？这就需要班主任加强自我修炼，充分发掘自身的潜在优势，展现教育的智慧。

更新教育观念，积极适应全媒体时代

教育观念直接影响班主任的教育行为。班主任应根据当前教育的新情况、新问题，及时更新教育观念，才可能在行动上做出积极探索，从而更好地适应全媒体时代。当今社会知识的发展日新月异，知识的获得变得十分简单。只要个人愿意，知识就像超市货架上的商品，可以自由选取。在这样的背景下，班主任若还将自己视为知识、技能的传授者而摆出居高临下的权威姿态，就会显得与时代格格不入。

事实上，教师与学生早已同是知识的学习者，甚至学生学习新知的能力还优于教师。此时教师更应该扮演学习引导者的角色，给学生创造更多的机会接触和感悟知识，同时凭借自己丰富的人生阅历加上已有的知识结构，对新知识进行更具有吸引力的诠释和解读，这样就容易对学生产生潜移默化的影响，巩固老师在学生心目中的导师地位，更好地应对全媒体时代的挑战。

对于班主任而言，极为重要的一项便是保持活跃的思想和开放的胸襟，善于接受来自学生的质疑并随时准备修正自己的认知，淡化头脑中的权威意识。这对于班主任的专业成长很有帮助。

充分发挥主观能动性，主导全媒体时代

全媒体时代以其多元化的信息呈现方式，受到青少年的青睐。学生的注意力往往会随之转移，部分学生甚至迷恋于各种新媒体的新奇有趣而难以自拔。出现这种情况首先与学生的年龄特点密切相关，未成年的孩子思维活跃，乐于接受新鲜事物，对新事物充满了好奇和探究欲望。然而正如前文所说，教育究其根本是心灵的对话，是人与人的沟通，是情感的相互传递，而这些正是教师的强项，特别是班主任作为班级的引导者，这种作用的发挥就更加明显。当教师缺乏主观能动性，被所谓的"新媒体"牵着走，没有真正发挥出自己的优势时，工作便会显得被动，内心会感到焦虑。

乍看起来，在全媒体时代，知识可以通过各种表现形式，如文、图、音频、视频等全方位、立体式地呈现。在这种情况下，班主任对学生的吸引力远不如这些媒介强大，要不怎么会有那么多学生对新媒体趋之若鹜呢？然而现实的观察和研究告诉我们，如果在现实中找不到知心朋友，缺乏情感交流的途径，学生便容易被这些媒介吸引；相反，如果有良好的现实交往作为基础，学生往往不会沉溺其中。而班主任一旦善于发挥自身优势，实现与学生的良性互动，那些虚拟的信息传递就不容易战胜真实的交往。现实中很多学生在虚拟世界聊天后，不是很期待与网友在现实生活中

见面吗？可见，在孩子的内心深处仍渴望真实的交往体验，我们的教育要充满智慧和艺术，引导学生活在现实世界，体验情感交流的快乐。

关注个性体验，借力全媒体时代

全媒体时代为班主任的工作提供了更多元化的平台。在全媒体背景下，如何更好地关注学生个体情感，满足学生的心理需要，是班主任在工作中要始终注意并不断探索的重要内容。

例如，在以信息化平台为主打造的电子书包翻转课堂中，学生借助全媒体力量，在听说读写等方面体验了较之以往不同的学习形式，实现了信息技术与课堂教学的充分融合。但仅仅依靠这样的创新模式不够，在实践中，班主任更要关注学生的情感体验，要积极引导学生发表见解，提出疑惑，并善于运用心理咨询中的自我开放技术，设身处地与学生交流内心感受，同时给予学生热情的鼓励和真诚的建议，让学生切实感受到现实中的关怀，增强对班主任的信任感，这样便能借全媒体之力，引导学生成长，实现教育目标。

全媒体时代的来临是大势所趋，同时也为班主任工作带来了全新的机遇和挑战。只要我们端正心态，立足育人这一根本，充分关注学生的生活状态，就能变被动为主动，在全媒体浪潮的冲击下立于不败之地。

（陈晓峰，广东省佛山市石门实验中学）

全媒体时代，班级工作的应对

培养全媒体时代的高素质公民

全媒体改变的不仅仅是信息传播的方式，更在悄无声息地改变着我们的生活方式。

全媒体给青少年带来了什么

第一，前所未有的便捷和美妙的视听体验。任何人可以在任何时间、任何地点、凭借任何终端获得所需的信息。微博、微信、社区、电子商务、在线支付……，各种各样的网络信息充斥着青少年的生活。他们本来就好奇心强并乐于接受新鲜事物。全媒体所带来的便捷与感官刺激是传统的学习方式没有办法提供的，也是青少年沉溺其中的最主要原因。

第二，全方位的、通畅的信息交互渠道。青少年处于特殊的发展时期，体现出心理发展的矛盾性，其中，自我意识迅速增长与社会成熟相对迟缓的矛盾、情感激荡要求释放与外部表露趋向内隐的矛盾尤为突出。在网络中，他们的自我意识和情感激荡的表达可以是随意和自由的，这种自由使"成人感"提前来临。独立的表达、新的用户体验、丰富的信息内容和广阔的话语平台，使青少年借此获得成人的满足感和社会化的成就感，而这种感觉是他们在家庭生活和学校生活中无法酣畅淋漓地体会到的。

第三，泥沙俱下的信息冲击与多元文化的并存。全媒体并不具备筛选功能，而海量资讯中充斥的不少负面信息，不断冲击、侵蚀着青少年，容易使他们迷失自我，无法做出正确判断。全媒体信息又带着明显的碎片化特点，很难培养人系统思考的能力。信息背后负载的是多元的文化选择，青少年对主流舆论和主流价值的认知面临着被扭曲的危险，进而容易产生非理性的表达。

第四，丰富的娱乐手段容易导致玩物丧志。游戏、影视、交友……，青少年利用网络来消遣娱乐的特征非常突出，以致大家对使用多媒体终端都用"玩手机""玩电脑"来形容。这样一来，青少年容易将其运用成让自己"丧志"的"玩物"。

全媒体给班主任工作带来了什么

全媒体时代，信息飞速传播，人人开"麦"发声。在众多不完整信息，公众良莠不齐的思考水平、不同的价值取向，以及对社会话题的恶意炒作和网络舆情引导缺失的情况下，培养高素质公民、高素质网民就成了班主任工作的新课题和挑战。

第一，在全媒体时代，班主任在德育阵地上要抢占话语先机。我们要积极参与到青少年的全媒体学习生活中去，关注他们所关注的焦点，利用我们自身的是非判断能力，甄别、筛选信息，加工生成对学生成长有利的资源；利用文字、图像、声音等形式，借助校级、班级的传播阵地，对学生进行指导教育。这时，学校的集会、宣传栏、板报、广播站、班会课、第二课堂、社团活动、论坛、辩论赛等，就成为德育渗透的有效途径。

第二，班主任对青少年的认知水平要有充分的认识和把握。在学生现有认知水平上，班主任要进行有针对性的核心价值观教育。要帮助各年龄段、不同认知水平的学生认清并主动抵制低俗、颓废、暴力、邪恶等文化；在充分了解学生所思所想的前提下，鼓励学生从媒体中吸收正能量，形成积极向上的价值观和较高道德水平。

第三，引导学生分清虚拟和现实的界限。班主任要教会学生对于接收到的信息进行全面、多角度的分析思考，切忌做信息的简单中转站；要鼓励学生多进行现实社交，少进行虚拟社交，努力让自己成为全媒体的"主人"而不是"奴隶"；要帮助学生形成理性的表达方式，避免非理性的宣泄。

《国风·卫风·河广》中有这样的句子："谁谓河广？一苇杭之。"我想把全媒体时代的班主任工作当成河之彼岸，尽管阻碍万千，我们只要积极应对，做一根乐于思考的芦苇，就可以到达美好的彼岸。

（陈芸，广东省佛山市南海石门中学）

小班群里的大风波

全媒体时代为家校沟通提供了便捷，但是一件事情的发生让我看到了网络作为一把双刃剑的另一面。

一天晚上，一位家长在班级家长群里问班长是谁，说孩子的本子被班长没收了。我回复说我第二天会到班里调查一下。没想到几分钟后，又有几位家长提到班长没收其他同学文具的问题。然后家长们就你一言我一语地聊起来，此次讨论俨然成了对班长的"批斗"大会。有的家长干脆说班长的家教有问题，孩子太霸道之类。群里一时间"山雨欲来"，气氛骤变。

我意识到了问题的严重性，于是告诉各位家长不要再在群里讨论这个问题，有情况和我单独联系，已经反映的问题我会一一调查核实。大多数家长看到我的信息后表示赞同，一场近乎"批斗"的讨论由此停止。但事情远远没有结束。

之后，我马上给班长的家长发信息告诉他们不必太在意其他家长的议论，我一定会查清楚事情真相。班长的妈妈给我回复时态度十分谦和，说孩子出现这样的问题确实是她没有教育好，并提出免去孩子班长职务的请求。我先安抚了她，表示一切等我调查清楚再说，请她不要给孩子施加太大压力。

第二天，我采用最温和的谈话聊天方式，把家长们提到的桩桩件件一一向班长核实，并且列出清单，写了调查说明。班长确实存在一些管理方式不恰当的问题，如有时没收同学的东西，之后不了了之没有归还。但我也惊讶地发现有些家长说的情况根本就是子虚乌有。一开始发现这个问题时我感到十分震惊和愤怒，觉得这部分家长有落井下石之嫌，实在不应该对一个一年级的孩子这样。可是冷静下来，我认为之所以会出现这样的情况，主要原因是讨论发生在家长群里，是在网络平台上，而不是在家长、老师面对面地交谈时。这样的交流方式让一些人容易随口说说、随声附和，反正不必承担什么责任。

找到原因后，我单独给每一位反映问题的家长打了电话，沟通调查结果，要求所言不实的家长在群里向班长的家长道歉；并写了关于该事件的处理说明和反思。考虑到可能会给班长家长造成的压力，以及有些问题需要班长家长配合，我便将处理说明和反思先发给了班长的妈妈，告诉她我打算在群里发布，让她看看是否妥当。她的态度让我欣慰，说完全支持我对事情的处理意见。于是我将信息发到群里并在后面附上如下反思。

首先，作为班主任我要检讨，班干部管理出现了问题是我培养不到位，没有把要求说清楚。这个责任在我，不在家长，更不在孩子。班长是一个很优秀的孩子，不管是在学习还是品德方面，所有老师对她的评价都很高，她也确实为班级做了不少事，同学们有目共睹。但是不可忽视的事实是她也仅仅是个一年级的孩子，她也一定会犯错，犯了错误我一定会批评，但就事论事即可。

其次，班级家长群建立的目的一是方便老师发布信息，二是方便家长和老师联系。这是一个公共网络平台。网络的利与弊不需我再多说，我只想说，即使是在网上，我们说话也要慎重，要对自己的话负责任。众口铄金，积毁销骨。昨晚原本只是家长们反映一些问题，结果几乎演变成一场网络暴力活动。你一言我一语，不知不觉间，就把事情的影响扩大了。我想这样的压力加诸任何一位家长和学生身上都是巨大伤害。

希望这次事情，能够让我们引以为戒。有问题欢迎随时向我反映，但请注意方式和用语，以免无意中给他人造成伤害。我看到大家的反映后一定会尽快处理。

信息发出后，家长们反响热烈，都说其实同学之间的事情大人不必干涉，孩子们会处理好，并且在这个过程中会得到成长。之后，家长群恢复了以往的和谐，晒孩子的作业，讨论学习问题，探讨教育心得，不亦乐乎。而那位班长在老师和家长的引导下，和同学们相处得更好了，得到了全班同学和所有任课老师的认可。

经过这件事，我在群里的发言更加慎重，对家长们的讨论内容也时刻注意引导。全媒体时代的特点就是：受众群体和传播者之间的界限已经不再清晰，甚至在一定条件下会产生角色互换，有时网络的隐蔽性会让人们淡化责任意识。在这样的大环境下，即便是几十人的家长群，如果引导不好也容易掀起暴风骤雨。所以，在享受全媒体时代带给我们诸多便利的同时，我们也要时刻注意对平台的管理，趋利避害，以形成一个健康和谐的交流环境。

（李箫，山东省济南高新区第二实验学校）

论全媒体时代班主任的自我更新

全媒体时代已经真实地到来。

我们不再仅仅阅读平面媒体，而是生活在报纸杂志、电影电视、网络传媒等"全"媒体的环境中；我们与媒体的接触不再是延时性的，而是在任何时间、任何地点；我们与媒体的关系不再是简单地吸收，而是有了多向互动，人人都可以是信息的接收者和发出者。

无论是爱还是恨，是接纳还是迷惘，这个时代都已真实地到来。对于班主任来说，一系列新压力、新挑战、新机遇、新空间随之而来。诸多研究者都关注到了教师工作方法、工作内容、精神准备、心理应对等主题。本文聚焦的主题是：如何成为全媒体时代合格的班主任？

作为研究者，班主任可以通过研究来迎接全媒体时代的挑战

其一，班主任需要研究这个大时代。

如果把全媒体作为工作的工具，班主任需要学习相应的技术以及高效应用的技巧。代价是投入时间进行学习，得到的结果——如网络交流便捷了，但也很不可控了，更复杂了；如果把全媒体作为工作的对象，班主任需要面对学生如何在网络时代生存和发展的问题，应不断更新专业知识，研究学生的新特点；如果把全媒体作为工作与生活的新环境，班主任需要提升思维品质，形成适应全媒体时代的行为方式。

一系列的"如果"已经在呈现全媒体与班主任的多维关系。全媒体意味着什么？全媒体时代到底是怎样的时代？班主任能否形成对全媒体时代的多维度、结构性理解，乃至于是否有着研究这个时代的意识与能力，是班主任实现自身发展与工作变革的前提之一。

其二，班主任需要研究全媒体时代的学生。

在单一媒体时代，学生获得知识或信息的方式与量都大大受限；学生与知识或信息世界间缺乏互动性；学生的综合素质发展，乃至于自我意识和个性发展，其速度与表现形式都比较稳定。

在全媒体时代，班主任往往会惊讶地发现，一个平时默不作声的孩子，可能是网络世界的领袖；一个平时听话的孩子，可能会通过其他媒介而表达出不同的精神状态；一个微不足道的教育信息或事件，有可能在学生间传递时大大变异。

这挑战着班主任们：我们如何理解当代孩子们的个性与精神世界？如何理解孩子们的语言与表达方式？如何体验孩子们的生活世界？如何形成对一个个具体的人的清晰、合理的认识？如何基于全媒体环境形成新的学生观？

对这些问题的思考与回答，无疑将重建班主任的学生立场与学生意识，逼迫着、吸引着班主任们去研究学生，借助全媒体而建构起班主任对学生研究的"大数据"，并将这一研究结果作为工作的直接起点。

其三，班主任需要研究全媒体时代的家长、同事与教育系统的新运作方式。

班主任们现在面对着的，是改革开放以后成长起来的一代家长，是一批批年轻的同事，是不断变革着的教育系统。全媒体时代的到来，加剧着所面临状况的复杂性。班主任不得不研究家长与同事们的特点，不得不面对信息化背景下的教育新常态，不得不重新定位自己的角色与素养要求，不得不与外部世界形成多元丰富的交往关系。

这往往是令人感到痛苦的，但又是时代的需要，可能会带来班主任个人生命与职业生命的涅槃。

上述一系列的再认识、再理解、再体验，会引导班主任进入实践创造。毕竟教育是一种实践活动，班主任工作的价值是在实践中实现的。由此，班主任就需要面对一个更重大的挑战：作为教育工作者，班主任要在全媒体时代培养怎样的人？

作为教育者，班主任可以通过育人而融入全媒体时代的发展

"当今世界，教育者们都在应对全球性的变化，使得教授学生以下内容变得尤为重要：批判性地思考，获取信息，解决问题，反思和改进自己的工作，以及创造新的想法、产品和解决方案。"[1] 班主任不是新闻工作者，不是企业家，不是政府官员，也不是商人，而是教育工作者。面对全媒体的挑战与机遇，班主任需要从教育的立场出发，聚焦时代精神与教育资源的变化，努力培养适应时代需要的新人。

首先，班主任要培养学生的责任心。

这是就人与社会的关系而言，班主任要培养学生对自己，对家人、师长、同学，对陌生他人，对这个社会的责任心。

全媒体时代让每一个人都成为信息的享用者、传播者、创生者。缺乏责任心的人，将对这个时代产生极大的威胁，将会因全媒体的存在而造成严重的社会与个人后果。反之，一个有责任心的人，会以真诚的态度、善良的品性、友爱的行为，温暖他人与社会。

这份责任心的培养，可以借助全媒体而实现。例如，有班主任会借助网络事件，引导学生意识到每个人在全媒体时代的责任。对于不同年段的学生而言，接触不同媒体的机会是有差异的。因此，班主任也要用最真实的日常生活资源，小至班级中的洒扫应对，或是家庭中的自理服务，来促成学生责任心的养成。

---

[1] 达林－哈蒙德，等.高效学习：我们所知道的理解性教学[M].冯锐，等译.上海：华东师范大学出版社，2010：3.

其次，班主任要培养学生的批判性思维。

这是就开放与坚守的关系而言，班主任需要在全媒体时代促成学生的理性发育，培养学生的独立精神，发展学生的批判性思维。

全媒体时代不仅仅意味着信息量的激增，而且会因为媒体形态的多元性，使得相关信息的冲击力变得极大，信息接收者容易在多形态的信息轰炸中失去自己的"听力""视力""感受力""判断力"。

应对的方式自然是多元的。引导学生意识到媒体存在的价值及其有限性甚至是可能的危险性，意识到公共知识与个人知识的差异，学会从多元渠道获得不同信息，锻炼理性判断的能力，促成问题意识、怀疑精神的发展，建立起在对话中求证、在实践中检验、在价值观引领下判断的素养，是非常重要的。

具体的培养需要在虚拟世界与真实世界的互动中进行，在日常中进行，借助关键事件进行。班主任要改变传统的教育方式，以平等对话的方式，以自己的理性和丰富的情感，建立起与学生的新关系，形成榜样示范效应。

再次，班主任要培养学生的创新能力。

这是就知行关系而言，学生不仅要获得、判断、重组、创生各类信息，更要融信息于实践之中，真实地改变自己的日常生活，推动个人、班级、学校、社区，乃至于社会生活的创新发展。

全媒体时代中，每个人都可能是信息的享用者，但世界的发展，更需要务实的实践者；每个人都可能成为评头论足者，但社会的进步，更需要勇敢的探索者；每个人都可能成为追随者，但人类的进步，更需要有责任感、有能力的领导者。

这一时代精神需要体现在班主任的工作中，体现在对每一个孩子创新精神与实践能力的培养中。班主任可以借助的不仅有技术、方法与平台，而且有最为日常的人际交往、班级生活。这种融通学习的意识和能力，也是全媒体时代学生创新力的重要基础。

上述素养要求，因为全媒体时代的到来而变得更为迫切。而这些素养要求一旦清晰化，并与传统的班主任工作目标或育人目标相整合，就可能直接指导班主任的工作变革。

作为学习者，班主任可以通过自我更新而存在于全媒体时代

既然全媒体时代已经到来，与其消极应对，不如自我更新。而且，新事物所蕴含的价值是多元的，与其过度关注其带来的压力和挑战，不如以更为主动的思维与行为方式，开发其积极价值，超越其局限性与消极性。总之，人需要成为全媒体的主人，班主任需要终身学习。

这原本就是终身教育中每个人的责任，但却时常被人淡忘。像全媒体这样的新事物，在未来还会不断出现。人类的发展，永远要面对新的挑战。"生物和无生物之间最明显的区别，在于前者以更新维持自己。"① 从一定意义上说，人的学习能力是唯一能保障人应对各类挑战而获得生存和发展的能力。

首先，班主任要自觉增强终身学习意识。

人因拥有学习能力而变得高贵，人因学习而不断走向潜能实现。终身教育思想唤醒着人们的学习意识，终身教育体系的建立也在呼唤班主任成为学生终身学习的榜样。

全媒体时代的到来，呼唤着班主任的自我更新。班主任学习各类新技术，了解各类新途径，在与学生和家长的交往中自我发展和自我觉醒，有意识地策划自己的学习行为，将所感、所知、所悟融于实践之中，这些都直接体现着班主任的觉醒程度和学习力的发展水平。

其次，班主任需要转变态度与立场。

在时代发展中，等待，只会贻误发展良机；抱怨，只会浪费发展资源。在全媒体时代，班主任需要主动应对和适应，主动在这个新时代中定位自我、发展自我，进而实现对自己现有工作方式与内容的超越。当有了这样的态度和立场，班主任就可以成为一个主动的策划者、推动者与重建者。

---

① 杜威.民主主义与教育[M].王承绪，译，北京：人民教育出版社，2001：6.

考虑到学生的未成熟性，班主任更有责任成为学生在全媒体时代发展的引领者。

再次，班主任要融通各类专业能力，成就自己的综合发展。

面对全媒体时代的学生和工作，班主任不仅需要掌握信息技术，而且要有高度的信息能力、丰富的情感世界、成熟的理性思维。表现在专业能力上，需要有对育人目标的清晰化能力，对育人过程复杂性的驾驭能力，对各类教育资源的敏锐判断与组织能力，对学生发展的研究能力与自我发展的元认知能力，对学生、家长和教师群体的领导力等。

诸多的能力将在真实的全媒体环境中，化为一个个具体的教育行为，融通在具体的教育过程中。

最后，班主任需要不断提升工作和生活境界。

班主任也是具体的生活者。在全媒体时代，因为工作与生活背景的转换，因为工作方式与思维方式的更新，班主任有可能获得职业生命质量的再提升，也将因职业生活的改变而影响私人生活领域的丰富度。因此，班主任更需要保持对工作与生活境界的敏感，关注自己的生活质量，努力提升生命质量。

全媒体时代到底对个体生命意味着什么？这个答案将由每个班主任的生命实践而给出。

（李家成，上海终身教育研究院执行副院长，华东师范大学教育学系教授，教育部人文社科重点研究基地基础教育改革与发展研究所研究员）

2 班主任工作感到孤立无援，怎么办？

"四面楚歌",转变观念脱困境

莫把有援当无援

在工作中,班主任有时会感到孤立无援,之所以会这样,可能有以下几种原因。

没有正确地定位自己

班主任承担的角色很多,要依对象、场合、需要等不同而有所转换和调整。在形成班级教育合力的过程中,班主任首先应正确定位自己,明确自己在这一团队中应发挥主导作用:既是沟通校内各种教育力量的桥梁,又是联系学校与家庭及社会的纽带。只有明确了这一点,我们才能充分利用各种教育资源开展工作。如果我们自己都没有认识到这一点,不能正确定位自己,不知道自己在其中应发挥的作用,自然就不会去思考如何调动校内外一切可以调动的力量形成教育合力,感觉孤立无援也是理所当然的事。

没有充分发挥学生的作用

学生虽然是我们的教育对象,但同时也是班级教育合力的重要组成部分。如果我们平时不尊重、理解和关爱学生,不注意认真听取学生的意见,没有强化集体精神、责任意识，更没有充分发挥学生个体和群体的作用，就很难调动学生参与班级管理的积极性和主动性，我们的工作就会因缺少重要的内部支持而困难重重。

缺乏与科任教师的交流合作

科任教师是班级教育的一支重要力量。如果我们平时不积极主动将班级学生的基本情况、学生的进步或退步、班上发生的各种事情等同科任教师沟通，科任教师就很难对学生的状况有一个整体性的了解；如果我们平时不将自己的工作设想告诉科任教师，凡事不与科任教师商量，也不听取他们的意见和建议，就很难与科任教师达成共识，共同解决问题，还会使科任教师感到没有被尊重而伤心、离心，自然很难形成班级组教师合力。另外，科任教师在工作中也会遇到一些困难和问题，如果我们平时没有多关心、帮助科任教师，等到我们有困难和问题时，又如何开口向他们求助呢？

不能与家长保持经常性联系

没有家长的配合，班主任工作很难取得好的效果。如果我们没有建立学生基本信息档案，不清楚学生的家庭住址、生活环境、家庭教育情况，不家访、不开家长会，很少甚至从来不与家长沟通交流孩子的发展情况，那么一旦我们需要家长配合或支持帮助时，可能连家长的联系方式都找不到，还何谈配合？

不善于主动与领导沟通交流

由于班主任的权力有限，有些问题仅靠自己的力量难以解决，这就需要得到学校有关领导的支持和配合。作为班主任，如果我们平时从不与领

班主任遭遇成长困境怎么办？

导沟通交流，不向领导汇报工作，不和学校各部门沟通协调，等我们遇到棘手问题寻求帮助时，领导和相关人员就可能因为不熟悉、不了解我们所带班级情况而无法及时提供有效的帮助和支持。

不注意利用广阔便利的社会资源

如果班主任平时不善于学习、交流，不善于利用网络和各种社会资源，那么在遇到一些棘手的单靠校内力量解决不了的问题时，可能就感到束手无策和孤立无援了。其实，资源就在我们身边，我们可以通过阅读班主任领域的专业书籍、报刊提升自己，也可以利用网络教师平台与同行交流学习，利用大众传媒平台为自己服务，还可以充分利用本社区资源服务于自己的教育教学工作……

由上可知，我们身边不缺乏资源，也不缺乏援助，只是我们要善于去发现。班主任，千万莫把有援当无援。

（曾建洪，江西省于都中学南区）

我为什么会"孤立无援"

2014年秋，我接手了全校有名的"乱班"。刚接班时我信心满满，干劲十足。可随着班级管理工作的推进，我越来越感到这块"硬骨头"并不像我想象的那样好"啃"。

于是，我决定向学生"亮剑"，向学校打报告请求处分七个带头捣乱的学生，尤其是强烈要求开除"刘刺头"，可学校没有批准。

没过几天，班里的"王捣蛋"因上课玩手机与赵老师发生了口角，而且还恶语相加。气愤至极的赵老师跑到办公室,将怒火全倾泻到我身上。我感到委屈,可谁知,在场的几位科任教师不但不帮忙"灭火",还在一旁"浇油"。

紧接着,平时表现很差的"张调皮"又把一个同学打伤了。我让家长把他领回家反省一段时间。家长却说没空,还说把孩子交给我了,让我看着办!

接二连三的受挫,让我心灰意冷、意志消沉,特别是深感孤立无援。一时间,不满与牢骚一起涌上心头:这个班是有名的"乱班",当初这块"烫手的山芋"谁都不接,要不是我挺身而出,说不定到现在还没有班主任呢!可现在我遇到了难处,学校不给我撑腰,同事"火上浇油",家长袖手旁观,这个班主任咋干?我越想越生气,越想越委屈——这个班主任我不干了!

随后,我把怨气与不满还有"撂挑子"的想法一股脑儿向我的老师孙主任倒出来。谁知他听后非但没有安慰我,反而瞪大了眼睛怒斥我:"你还是个老师吗?就这点觉悟、这点素质?就知道埋怨别人,为什么不从自身找找原因?……"

孙主任的一顿数落骂醒了我。

是呀,我只知道埋怨学校,可在写"处分报告"之前,我主动找学校领导沟通过吗?向学校领导详细汇报过班级管理中存在的实际困难吗?请求学校"出手相助"了吗?没有,一次也没有!不是学校不给我撑腰,而是因为我一下子要求处分七名学生,"打击"面太大,而自己没有谨慎权衡过"利"与"弊"。

再说科任教师,我与他们交流过班级存在的问题吗?探讨过如何管好像"刘刺头""王捣蛋""张调皮"这样的特殊学生吗?没有,一次也没有!自己不把科任老师放在"眼里",拿他们当"外人",班级工作抓不好实际上也给他们添了不少麻烦,能怪他们当"甩手掌柜"吗?

还有,把"张调皮"撵回家,不耽误他的学习吗?本来他学习就不好,这不是更雪上加霜吗?难怪家长不配合我的工作。再说,自接班以来,我与学生家长接触过几次？交流过几回？

一番扪心自问之后，经过整整一天的深入思考，我终于找到了答案：

首先，努力争取学校的支持与帮助。学校是班主任工作的坚强后盾，领导是我们管理学生的"靠山"。为此，我们要积极主动地与学校领导多接触、多交流，并把班级管理中存在的实际困难详细地讲出来，争取学校领导的帮助与支持。

其次，努力与科任教师共同担起管理班级的责任。要管好班级，科任教师是一支不可缺少的重要力量。我要把他们组织动员起来，形成一个充满"战斗力"的集体。为此，我一定要尊重科任教师，真诚地把他们当成"自家人"，工作多商量，遇事多交流，问题多沟通，生活多关心，让科任教师对班级工作想出力、愿出力。

再次，争取家长的支持与配合。家庭是孩子成长的"摇篮"，家长是孩子的第一任教师。只有家校配合形成合力，教育才能达到预期的目标。我一定要关心学生、热爱学生，让家长放心、满意。还要通过多种方式与家长勤交流、多沟通，努力建立和谐亲密的家校合作关系，让家长变"要我管"为"我要管"，积极主动地参与班级管理。

最后，我更要努力探索与掌握教育学生的艺术和方法，做一个"智慧型"班主任。

想到这些，我顿时又像刚接班时一样信心满满，干劲十足。

（王卫东，山东省鲁中高级技工学校；李恒功，山东省邹平县实验中学）

三管齐下，以心换心请"援兵"
——凝心聚力，开发学生资源

能力比荣誉更重要

从教第一年，在校长热情洋溢的鼓舞下，我踌躇满志地担任了班主任。

年轻，朝气蓬勃，激情四射，令我深得学生的喜爱、家长的认可；勤奋，全力以赴，兢兢业业，令我深得领导的赏识、同事的称赞。这些认可和赏识，更使我倍感责任重大，于是我天天泡在班里，事必躬亲。因此，我所带的班级的纪律、学习、集体活动等都远远好于其他班级。

但是，我的事必躬亲，剥夺了班干部和学生们尝试、锻炼、成长的机会，削弱了他们的组织能力、协调能力和管理能力，而且班级各项工作主要由我一个人"单打独斗"。只要我有事外出，学生就变得不知所措。

夜深人静，我思考了很久：是班级暂时的荣誉重要，还是学生长远的发展重要？我该怎样让学生成为班级管理与发展的一支重要力量？我该如何从学生角度入手去摆脱孤立无援的窘境？

深思熟虑之后，我决定迈出改变的第一步。

我首先减少去班级的次数，安排班干部各司其职，大胆放手让他们处理班级日常事务。班长小雨每次到办公室向我请示工作，我都先鼓励她、肯定她，然后启发、指导她制定解决方案，逐渐培养她的管理能力。

初一级部要组织拔河比赛，这是个绝佳的锻炼班干部协调、组织能力的机会。当我宣布活动由班长小雨全权负责时，小雨却打退堂鼓了："张老师，上次越野比赛我组织得一塌糊涂，我不行。"

"小雨，你一定行！没有班主任的指导，你第一次独自组织了越野比赛，这已经很棒了！"我向小雨竖起了大拇指。

小雨的脸上露出了笑容。

"我们的班长小雨是好样的！班主任不能陪你们一辈子，班级是你们的，你们每个人都是班级的主人，众人拾柴火焰高，每个同学都有责任、有义务协助小雨商定活动方案并组织实施方案，同学们能做到吗？"我发动全班学生大力支持小雨的工作。

"能！"学生们大声高呼。

"可是，以往的竞赛活动，我班成绩总是遥遥领先，我担心比赛成绩不好，影响我们优秀班集体的荣誉……"小雨还是顾虑重重，学生们也随声附和。

唉，是我以往的一手独揽，束缚了学生们的积极性和主动性！

"同学们，失败是成功之母，没有失败的教训，哪有成功的经验？在老师心目中，你们的协调能力、组织能力的增强，比获得优异成绩更重要！荣誉是暂时的，但能力却会使人受益终身！能力从何而来？'事非经过不知难'，只有参与其中，亲力亲为，你才会知道组织活动的不易，才会明白组织活动应考虑的因素和注意事项。只有经过一次次的锻炼，你们的才智和能力才会与日俱增。一味依靠父母喂养、庇护的雄鹰，是不能展翅翱翔蓝天的！放心吧，同学们，我更看中你们在活动之中能力的提升！我永远是你们坚强的后盾！"

"张老师，我们爱你！"学生们像被长久束缚的马儿，瞬时脱离羁绊，欢畅地奔跑起来！

叶圣陶先生说过"教是为了不教"，作为班主任，要着眼于学生的未来发展，充分调动学生的积极性和主动性，悉心引导学生参与班级管理，参与班级活动的策划，使学生真正成为班级的主人，实现由"班主任是班级的管理者到每个学生都是班级管理者"的华丽转身，从而潇洒地走出孤立无援的窘境。

(张慧琴,山东省淄博市临淄区实验中学)

三管齐下,以心换心请"援兵"
——真心付出,换取同事帮助

以诚待人,必换真心

2014年9月,我调入一所新学校,担任三年级数学老师兼班主任。因为人生地不熟,与周围同事仅仅是"点头之交",所以班级各项工作,我总是独自一人加班加点完成,没人帮忙,也没人给出主意。我感到"压力山大",而且班级管理的效果还不好,班级考核总是垫底。

为了改变这种状态,我决定用我的真心付出来感动科任教师,赢得他们的信任和支持。我首先从教英语的魏老师入手。

魏老师四岁的女儿在学校附属幼儿园上中班,幼儿园比小学部早十五分钟放学,而周三和周五,魏老师要看班里最后一节自习课,所以接孩子的问题是个难题。于是,我主动提出每逢周三和周五由我帮忙接孩子,魏老师自然是很高兴也很感谢。久而久之,我和魏老师的关系越来越好。

教语文的郑老师很年轻,工作起来十分认真,时常抱怨班里有几个学生完不成作业。我就把这几个学生找来谈话,还专门召开有关作业的班会,甚至午自习时间到教室里陪这几个学生写作业。就这样,学生慢慢变得能按时完成作业了,郑老师也渐渐和我熟悉起来。

和郑老师关系的真正突破源于那次经典诵读比赛。教育局组织"庆国庆中小学生经典诵读比赛",因时间紧促,没有举行预赛,我们班被"钦点"参赛,校长让我和郑老师一起来组织。我从网上搜集了许多精彩的视频,找郑老师商量,最后决定选取几首歌咏春天的唐诗来参加比赛。郑老师负责带领学生排练,但她仅仅让学生排成两队一动不动地站在舞台上诵读。这样肯定是不行的,千篇一律的诵读连我看着都觉得没意思,更何况评委呢!

要想脱颖而出,必须别出心裁。我连夜赶制出一个方案,以《读唐诗》这首儿歌开头,再加上一个抒情式的结尾,还融入了舞蹈、音乐等元素。在方案获得了郑老师的肯定后,我还积极地帮忙排练,最后诵读比赛取得了不错的成绩,我和郑老师都特别开心。

用真诚必换来真心,之后班里再有什么活动,郑老师和魏老师都特别热心,有时我有事请假,她们也会说:"你放心去吧,班里的学生我们给看着呢!"我也经常在学生面前夸赞郑老师和魏老师,并主动把两位老师拉到班级活动中来,一起体会和学生共处的欢乐。

学生们比以前更喜欢郑老师和魏老师了,我和郑老师、魏老师也相处得更加融洽了。这一切,都是我用真诚换来的。

(赵静兰,河北省宁晋县河渠学区南苏小学)

校长帮我解难题

中考前的二模成绩揭晓了,小飞、小欣和小超再次"兵败滑铁卢",三人的情绪低落到了极点。这三个学生平时基础好,很勤奋,成绩一直比较稳定,可是一模、二模成绩都很不理想,这对他们的打击可想而知。我和科任教师多次找他们分析试卷,对他们进行安慰鼓励,可他们仍然整日愁眉紧锁，郁郁寡欢，学习状态越来越差。眼看距离中考仅剩三十多天的时间了，我非常着急。

如何尽快帮助他们驱散心中失败的阴霾，重塑自信呢？找心理辅导老师？可学校师资匮乏，根本就没有专业的心理辅导老师。找家长？早就找过了，也对孩子进行了宽慰和教育，可效果并不明显。怎么办呢？我灵机一动，能不能请校领导出面找他们谈谈心呢？校长的鼓励对孩子们来说是莫大的荣誉，如果校长能单独找这几个孩子谈话，我想效果肯定会大不一样。

我怀揣希望走进校长室。校长听明来意后，欣然应允。他向我详细询问了三个孩子平时的学习情况、思想动态、家庭状况等，又调出初三上学期期中、期末以及前两次模拟考试的成绩，做了认真的比较分析。当校长亲自到教室一一招呼小飞、小欣和小超去校长室时，三个孩子都感到非常意外。当他们从校长室回来时，精神面貌真的焕然一新了。原来，睿智的校长将他们领进了校史陈列室，给他们讲了往届优秀毕业生战胜自我走向成功的故事，鲜活的事例重新点燃了孩子们心中的激情，使他们信心大增。况且，这是他们第一次与校长进行谈话，可谓"受宠若惊"。校长的真诚和温暖让他们感动，令他们激奋，他们都当场表示一定不会辜负校长的苦心和期望，也要向学哥学姐一样走出低谷，为校争光。

有时，事情就是这样神奇。校长的一次谈话真的帮我破解了教育难题，三个孩子在三模时都取得了很大进步，中考也都如愿以偿地考上了理想的高中。

在班级工作中，班主任不可能独自一人"包打天下"，应有效整合班级教育资源，调动一切可以利用的教育力量，主动向学校领导借力，向科任教师借力，向学生借力，向家长借力，向社区借力，凝聚教育合力，提升教育效能。

（沈建军，江苏省泰兴市黄桥初级中学）

三管齐下，以心换心请"援兵"
——携手同心，形成家校合力

家委会，我的班级管理好帮手

苏霍姆林斯基说："最完美的教育是学校教育与家庭教育的结合。"教育离不开学校，但教育不能只靠学校，家长的重要性不容忽视。在班级工作中，家长委员会（简称"家委会"）给了我巨大的支持，我们密切配合，携手开展了各种具有特色的班级活动。

童年，因家委会而精彩纷呈

很久以来，我一直想带孩子们走出校园，去呼吸外面的新鲜空气，但终因安全问题、精力有限等原因，外出计划也只能一直是梦想。在家委会建立之后，我的梦想开始变为现实。

走进自然，让成长色彩斑斓。在家委会的积极筹备、精心组织下，我班开展了一次"远足踏青"活动。家长们放弃休息时间，寻找适合孩子们游玩的地点，提前确定行程路线。他们分工明确，各司其职：有负责安全的，有自告奋勇当导游的，有负责拍照的……。在家委会的鼎力相助下，我们终于走出了校园，走进了绿草如茵的田野。这些久居城里的孩子们第一次在泥土地上翻跟头，第一次手捧那些叫不出名字的野花陶醉，第一次准确区分出了麦苗与韭菜，第一次甩开脚丫子在田间奔跑……，那种"海阔凭鱼跃，天高任鸟飞"的自由自在是一种无法说出的惬意。在与自然的亲近中，开阔的何止是眼界，还有胸怀。我知道，这会是孩子们成长中最精彩的一页。

徒步十里，接受烈日的考验。为提高孩子们的消防安全意识和自我保护能力，家委会组织了一次学生"消防出行励志游"活动。六十九名学生、十四位家长及学校老师徒步十里，来到消防大队，参观各种消防设施，体验消防队员的工作和生活。在30℃的高温下，一帮十来岁的孩子徒步近十里的路程，没有一个叫苦叫累的。他们在烈日下唱起了歌，用稚嫩的歌声回答了这个考验！他们既感动了我，也感动了家委会所有家长。那次消防出行，锻炼了孩子们吃苦耐劳的精神，磨炼了孩子们的意志，给孩子们的成长上了生动的一课……

"提篮叫卖"，奉献爱心，锻炼能力。为了帮助班里一名家庭困难的学生，家委会组织了一次"周日，我们去做义工"活动。他们买进了一批竹篮，让孩子们负责卖掉。深秋的街道上有些冷清，但因为有了一群做义卖的孩子而热闹起来。他们提着竹篮向路人讲解塑料垃圾袋对环境的危害，讲解用竹篮买东西既环保又健康。这次义卖很成功，既锻炼了孩子们向陌生人推销东西的能力，更锻炼了他们敢于展示自己的勇气。口才、胆量、销售技巧、为环保而尽力的责任心……，都在孩子们的努力中得到提升！

各种活动让孩子们体验了成长的滋味，他们变得敢于尝试，勇于进取。家委会的无私奉献，让孩子们的成长变得精彩丰富、有滋有味。

课堂，因家委会而活力四射

我班学生家长来自各行各业，整体素质较高。在我和家委会的摸底调查、广泛发动下，家长们纷纷走进教室，走上讲坛，和孩子们分享自己的行业风采与职业特点，开辟了学生全面发展的大课堂。

入夏以来，孩子们禁不住各种冷饮和垃圾食品的诱惑，班里每天都有喊肚子疼的孩子。为此，我开过几次班会，但收效甚微。小涵的家长在食品药监局工作，了解到这种情况后，他为孩子们上了一堂"远离垃圾食品，健康茁壮成长"的食品安全课。他给孩子们介绍了垃圾食品的种类、制作过程及危害。一张张触目惊心的图片，让孩子们瞠目结舌，也让他们远离了垃圾食品。

针对孩子们的种种不良习惯，小成妈妈为我们做了"养成好习惯，成就好人生"的精彩讲座。她结合小成的情况现身说法，讲述了如何养成良好的学习习惯、如何激发自身学习的积极性和主动性、如何培养自主学习的能力等内容，使孩子们受益匪浅。她说的"开卷有益"生动而有趣，大大激发了孩子们的阅读兴趣，一时间"爱书""读书"在班里蔚然成风。

此外，"交通安全"讲座，让孩子们牢记了如何养成良好的交通行为习惯，安全出行；"绿色上网，健康成长"讲座，让孩子们懂得了如何正确使用网络，文明健康上网；"梦想，在这里起航"讲座，让每一个孩子插上理想的翅膀，扬帆远航……

场场精彩的讲座，都浸透着家长们的良苦用心、殷殷期望。徜徉在知识的海洋中，接受浸润心灵的洗礼，孩子们变得蓬勃而有朝气，整个班级呈现出一派生机勃勃、健康向上的喜人景象。这让我不得不对家委会心生一种感恩之情。

亲情，因家委会而幸福牵手

"现在的孩子，真让人搞不懂。"这是很多人发出的感慨。每次座谈，都有很多家长表示与孩子之间有代沟，无法交流和沟通，有些家庭还时常上演"青春期撞上更年期"的闹剧。其实，舐犊之情，反哺之义，人皆有之。之所以出现上面的情况，还是我们和孩子的相处出现了问题。

面对"很多家长想教育孩子，可是却不会教育、不懂教育"这一问题，家委会组织了"家长培训班"。他们请善于处理亲子关系的家长介绍经验，向有关专家请教如何解决棘手的问题，从生理、心理和情感上一点一点地去了解孩子。每次看到家长们在百忙之中走进校园的身影,我都会心生一份感动之情。他们手捧书本、认真记录、倾心交谈、献计献策的场面在我心里早已成为一道独特的风景,让我敬佩不已。

在家委会的努力下,我们成功举办了"我和父母共读一本书""幸福一家人摄影大赛""户外郊游"等亲子活动。在这些活动中,孩子们与父母有了更多的交流,不仅加深了对父母的感情,而且知道了父母的艰辛,懂得了感恩,往日的隔阂在不断消除。感受着孩子们每天都在健康快乐地成长,看着他们日益提高的成绩,我对家委会的谢意已无法用语言来表达……

牵手家委会,让我的班级管理揭开了新的篇章,"平等、理解、尊重"成为我们共同的约定,在家校合作这座桥梁上,我们牵手追梦,绽放幸福。

(朱明琪,山东省临邑师范附属小学)

班主任工作的系统关照与"真我"坚守

班主任是教师队伍的重要组成部分,是学校思想教育和日常管理的主要实施者,也是学生健康成长的引领者和人生导师。班主任工作能否顺利开展直接影响到学校各项工作的进行,进而影响学生的发展。在目前中国现实的教育处境中,由于主体性社会文化传统的缺失,片面追求升学率的应试教育强大惯性的影响,学校管理体制尤其是班级管理体制的局限,"教书""育人"工作的内部异化与分离,班主任工作专业化水平不高等诸多原因,班主任工作往往让人感到孤立无援。这极大地影响了广大教师从事班主任工作的积极性,同时也制约了学校教育整体育人功能的发挥。这一问题的有效破解,不能仅仅从班主任个体层面入手,更应以系统、全面的视角来探索多管齐下的策略。

二 组织制度层面的策略：结构性地整体变革班主任工作制度环境

如果仅仅是个别班主任开展工作感到孤立无援，那也许是个体自身的原因；但如果班主任群体普遍性地感到开展工作孤立无援，那几乎可以肯定组织机制才是造成这一问题背后根本性和结构性原因所在。因此，要从根本上解决这一问题，必须首先从组织与制度层面探索解决策略。

第一，创造更多的同辈（伴）认同与协同发展的组织平台与机遇。孤立无援的现象极容易发生在新班主任身上，那么从组织的角度来说，如果制度与资源允许，在聘任新班主任时，可以考虑同期招入多名新班主任，促进他们之间的交流和合作。如此，新班主任之间就有了更多的同辈（伴）情感交流、技能沟通和文化参照的亚群体，孤立无援的感觉自然会大大降低。特蕾莎修女曾说："世界上，人们对爱与感激的饥渴远远大于对面包的渴望。"对于教师，包括班主任，精神激励比物质激励的有效性更强，学校应及时地多方面关心和关注新班主任，采取全面的激励策略，让来自学生、家长、同事、学校管理者等各方面的认可和感激，帮助新班主任快速而顺利地度过班主任工作的迷茫期。

第二，建立班主任工作领域的师徒制度。班主任工作是非常需要经验积累的"实践艺术"领域，很多时候班主任工作的孤立无援来自当事人对这一"实践艺术"的难以把握或无从把握，因此需要经验丰富的"师傅"来言传身教。在双方平等和彼此尊重的基础上，师傅和徒弟能够良好地进行班主任实践艺术的交流和迁移，提高班主任工作的效率，减少班主任工作的孤立无援感。

第三，真正落实全校整体合作、责任边界清晰、负责人问责的全员育人制度，彻底解决班主任因繁重压力和过度责任带来的孤立无援问题。班主任工作之所以孤立无援，根子就在于当前学校教育中"教书"和"育人"

功能的制度性分离。科任教师大都"很自然地"把"育人"的第一责任推到班主任身上，这属于制度性问题，单靠班主任个体无法彻底解决，需要学校和教育主管部门切实有效地推动和落实学校整体合作、责任边界清晰的全员育人制度。最近，一所普通高中的班主任们充满喜悦地告诉我"现在当班主任轻松多了，再也不会是一个人扛所有的事了"。原来，这所高中所在的区域教育管理部门对学校进行了管理机制和班主任工作制度的改革，要求学校必须落实责任到岗、各尽其责、全员育人的制度。如在学校管理上，这所高中采取了"学校聘年级主任，年级主任聘班主任，班主任聘科任教师"的管理方式，为班主任实实在在地增权赋能。以前课堂出了问题，科任教师都习惯性地把责任推到班主任那里，怪班主任没把班级管理好。现在学校实行"谁的课堂谁负责"的新管理机制和工作制度，科任教师不再仅仅是传授本学科知识，而是必须要实实在在地承担起课堂管理、教书育人的责任。如果科任教师对自己的学科不精进、对班级存在的问题视而不见、不善于和班主任合作或习惯推卸育人责任，那么就不会有班主任愿意聘任他。在该区域的教育管理体制中，一个科任教师不被聘任就意味着分流或转岗。这种教育管理机制和班主任工作制度的变革，开始让所有人认识到，教育和引导学生、治理和建设班级本就是科任教师的分内之事。如今，这所高中每个班级都有六七个科任教师协助管理和建设班级，班主任们的担子轻了很多，孤立无援的现象也大大减少。从管理机制和制度改革中受益的班主任们由衷说道："以前几乎所有事都推托给班主任，班主任常感到孤立无援，身心疲惫。现在人还是那些人，事还是那些事，只是管理机制变了，学校明确每个部门、每个人的具体职责，哪个环节出了问题就对哪个环节的负责人直接问责。现在是全员育人，班主任将不再孤立无援。"

三 个人自我层面的策略：坚守班主任的真我与教育勇气

假设组织和制度都搭好了台，做班主任工作难道就不会有感到孤立无援之时吗？显然不是这样的。教育是理想属性强烈、极度依赖信念的事业，同时也是富有个性的创造性事业。既然是基于理想、依赖信念，必然有超越当下现实而不被当时所理解之时；既然是富有个性的创造性事业，必然就有不被众人当下认同之处。不理解、难认同，就必然会显得孤立，缺乏支援。怎么办？有一位班主任说得好，"班主任有时候真的像一位勇士，无惧风雨，砥砺前行；也像一位禅师，要静得下心，沉得住气，耐得住寂寞"。除了制度、组织等外在支持，关键之处还在于"人"，在于人自身的觉醒、选择、坚守、勇气与耐心。

当班主任工作孤立无援时，需要坚守真我的勇气。 作为人的班主任，无论其工作现实多么卑微或沉重，都不能放弃或遗忘内在的真我。因为，教师职业的奥秘在于"当与学生面对面交流时，唯一能供我立即利用的资源是：我的自身认同，我的自我的个性，还有身为人师的'我'的意识"[1]。在纷繁复杂、无从把握甚至是"琐碎不堪"的班主任真实生活中，坚守住班主任的内在真我，最需要的是那一份存在的勇气！一个人的勇气，需要时时葆养和不断重新发现。卓越的教育心灵导师帕克·帕尔默坚定地认为教育的勇气"就在于有勇气保持心灵的开放，即使力不从心仍然能够坚持"[2]。

当班主任工作孤立无援时，需要用时间和耐心培育的果实说话。 芭芭拉·格罗根曾说："这世界爱唱反调的人真是太多了，他们随时随地都可能列举出上千条理由，说你的理想不可能实现。你一定要坚定立场，相信自己的能力，努力实现自己的理想。"下面这位班主任真实的心路历程也许正好诠释了芭芭拉的箴言：

起初，当我把"十一"组织学生外出卖报纸的想法告诉我们年级主任时，他并不赞同，皱着眉头跟我强调安全问题。后来，"十一"假期结束，他看我在整理学生的活动感悟，看了两眼，才发现这个活动对于学生成长的意义，于是对我的做法大加赞赏。

---

[1] 帕尔默. 教学勇气：漫步教师心灵 [M]. 吴国珍，等译. 上海：华东师范大学出版社，2005：10.

[2] 同[1] 11.

起初，数学老师在我们班发脾气，说学生采访"东西湖好人"完全没意义，学习仍是老样子。他认为班主任做的一切事情就应该为学习、为纪律服务，不然搞活动的意义何在！但到了高二下学期，我们班的数学成绩就位列年级第一。

起初，我跟一位同人商量，想利用暑假去每名学生家里家访，但很多人，包括领导，都觉得这样做没意义，他们甚至说这是自讨苦吃，难道家访了，你的学生就会有好的表现吗？但家访完后，我对学生有了更多的了解和理解，工作开展起来更得心应手，学生与我也亲近了不少。

起初，当我鼓励全班同学参与诚信考试时，受到同事们不少非议。大家都说，你这是胡闹，我们学校的学生素质远没达到那个程度，你太信任学生了，小心全班学生都抄。一年后，别人看到了我的成果，原先反对我的做法的那个老师也开始鼓励他们班学生参与诚信考试。

班主任工作实践直接关涉人的精神结构、倾向的改变与成长，这个过程本质上是以隐晦的、内在的、缓慢的、曲折复杂的方式表达其自身实践逻辑的。也许在很长一段时间内，班主任的工作尝试不会有什么明显成效，得不到领导、同事、学生、家长的理解，班主任因此容易感到孤立无援。花儿的芳香需要等待，美好的尝试需要时间，当班主任工作孤立无援时，我们需要用时间和耐心培育的果实说话，这才是最终赢得与孤独、孤立之战的关键。

当班主任工作孤立无援时，需要倾诉、安慰和疗伤。帕尔默在其名著《教学勇气：漫步教师心灵》中很真实地指出这样一种现实处境——越热爱教育、教学的老师，可能越伤心！班主任是一个情感负荷极大，极容易受到心灵伤害的职业岗位。当班主任感到孤立无援时，首先还要学会"自救"，通过真情的倾诉、彼此的安慰、自我的疗伤来保护和葆养自己的身、心、灵。

"教师们常常遭受解体的痛苦……发现自己与同事和学生处于疏远、竞争和冷漠的关系。在更深层次，这种痛苦更多的是精神层面的，而不是社会学层面的：这种痛苦来源于切断了与我们自身真实的联系，切断了与我们投身教学的热情的联系，也切断了与心灵的联系，而心灵才是干好所有工作的源泉。"① 当班主任孤立无援时，个人层面解决策略的核心要旨就在于班主任要"建立与真我的心灵联系"。就像一位优秀班主任总结自己如何克服孤立无援心灵考验时写的，"特别是我们的教育理念不被他人理解、工作也不被他人认可时，我们会有无助感和挫败感。在最黑暗的日子里，我们也会害怕、畏缩、困顿、迷茫，但只要保持一颗单纯热情的心，希望之火就不会灭。总之，当班主任工作感到孤立无援时，我从未想过怎么办，坚守自我，静心做事，一切就会变得简单"。

一个真正的班主任对其人性的要求是丰富的：他或她需要成为一个生活艺术家、活动艺术家和教育艺术家，要在各种要素之间进行创造性的编织；他或她是班级生活系统中最具有能动性和关键性的能量要素，他或她的一点活力、灵动会让整个系统的活力性、灵动性迅速上升，倍增放大；他或她的自我气质和精神状态很大程度上决定了整个班级的精神气质和状态。因此，真正的班主任不能死气沉沉、气质抑郁，他身上要具有一种焕发自内在真我的生命活力，或者说要不断地学会激发和培养自己身上的这种生命活力，这样"才能用自己的心灵之光来开启学生的心灵之光"②。

三　人际互动层面的策略：怀着教育真诚之心建立共生关系平台

班主任之所以为班主任，与科任教师最大的不同之处在于，班主任角色要求具有很高的综合性。这种综合性一方面表现在其直接面对学生的综合性成长，而科任教师主要关涉与某个学科相关的素养；综合性的另一方面在于班主任要同时处理和协调各科任教师、各学科教学生活和整个班级

---

① 帕尔默. 教学勇气：漫步教师心灵 [M]. 吴国珍，等译. 上海：华东师范大学出版社，2005：21.

② 吴国珍. 心灵的觉醒：理解教师叙事研究 [M]. 北京：北京师范大学出版社，2010：12.

生活的关系，怀着教育真诚之心建立班主任工作的共生关系平台，这些均有助于解决班主任工作孤立无援的问题。

当感到孤立无援时，班主任可以处理好与科任教师的关系，主动地影响他人。班主任不能仅仅只关心自己所任教的学科，而要把自己放在班级总调度的位置上，处处协助科任教师完成教育任务，用自己的行为来影响科任教师，让大家感到我们是在下一盘棋。

当感到孤立无援时，班主任可以在班级中培养助手。班级是由学生和教师共同构成的，其最终指向是学生个体与集体的主动发展。班主任要正确地认识班级这一本质属性，合理地运用自己的角色和作用，尽最大可能地创造各种机会发挥学生的主动性，引导学生参与班级各项事务和事业的发展与管理，使得全班学生成为自己的好助手。在这样的基础和逻辑上，班主任逐渐把班级发展和学生发展的主动权还给学生，最终逐渐过渡为学生自主管理班级、发展自我的助手和伙伴。

当感到孤立无援时，班主任可以寻求各种外力，发掘和整合各种教育资源。教育改革事业成功的秘诀在于，"把改革变为大家共同的事业，使之成为每一个人成长的平台，使绝大多数人能够认同、理解，进而全力参与"[1]。除了学生、科任教师、学校领导者，班级家长、社区、各种信息化的网络学习与发展组织等也都是无法忽视和不能遗忘的重要共生主体和教育资源。班主任要善于突破和这些共生主体的狭隘、静态的教育关系，以促进学生的真实发展为基点和起点，通过各种方式、途径和载体激活这些共生主体蕴含的丰富的潜在资源，以此滋养学生、班级、社区乃至自己的真实成长，从此真正不再感到孤立无援。

四 专业发展层面的策略：探索基于"U-S"合作的班主任工作坊专业发展路径

不仅学生需要合作学习，班主任更需要专业团队的支持和支撑。当今

---

[1] 李希贵. 学生第二 [M]. 上海：华东师范大学出版社，2006：54.

世界的教育问题不能依靠学校教育系统自身或者教育研究系统中的一个单方面去解决它,那非常困难。当今世界教育改革的潮流,在于以大学为代表的教育科研系统和以中小学为代表的学校教育系统必须双向互动、真诚合作、共同成长。

作为一名大学的专业教育学研究者,我一直在探索基于大学与中小学伙伴合作("U-S"合作)的班主任工作坊专业发展路径。班主任工作坊是一个由教育研究者与中小学一线教育者组成的以闲暇文化、游戏精神和情感能量激发为核心底蕴,以"轻松、丰富、快乐、有意义"为发展宗旨,具有自然性、活动性、情感性、团队性、场境实在性等基本特点的教师小团队式学习型组织和专业成长平台。它在借鉴传统班会听课研讨、读书交流、教育教学反思、主题讨论、理论学习等班主任专业发展方法基础上,充分吸收中国传统山川游学化思想以及教育话剧表演、音乐欣赏、美术表达、舞蹈体验、游戏参与、制作、非连续性体验、信息化生存、幸福晚餐会、年度嘉年华等元素,使得班主任能够在轻松、多元、半开放性的结构中发展、生长,孕育和启发其"生命自觉",并以其"生命自觉"促成、引发学生的"生命自觉",从而改变师生的学校生存状态。①

实践证明,班主任工作坊是一种蕴含新意与诗意、具备实效与长效、散发活力与魅力的当代班主任专业发展的新模式。第一,班主任的变化表现为:兴趣有了,动力足了——专业发展的自主发展更加清晰;埋怨少了,理解多了——专业情意更加浓厚;思维活了,点子多了——专业知识得到提升;忙乱少了,淡定多了——专业能力有所增强;朋友多了,温暖多了——同伴互助共成长;个体人格更加丰满,幸福多了。有趣的是,班主任工作坊甚至还疗愈了一位工作近十五年的班主任教师的"精神癌症"。第二,学生和班级氛围的变化表现为:理解多了,埋怨少了——师生搭建起了沟通的"心桥";打开心结,劲头足了——身心更加健康发展;平台

---

① 李伟,鲁帅,吴莎莎. 工作坊:班主任教师专业发展新模式 [J]. 中小学德育,2013 (10).

多了，自信多了——学生个体主动性得到充分发挥；压抑少了，温暖多了——在和谐的班集体中快乐成长。班主任和学生的变化使班级的氛围变了：在学生们心中，班级不再是充满竞争、压抑和排斥的"残酷"的"角逐场"，而是让每一个学生都感受到温暖、分享到荣誉、体验到自身价值的"家园"集体，班级的凝聚力明显增强。第三，学校文化生态的变化表现为：学校内部多层次沟通渠道得以建立，内部氛围更为民主、开放、温暖；教师从"点头之交"变为"朋友伙伴""兄弟姐妹"，教师文化开始融合。第四，大学专业教育研究者的变化表现为：扎根一线，研究者开始探求理论构建与实践变革的内在统一；收获朋友，工作坊成为研究者自身生命成长不可或缺的"加油站"。

"教育是直面生命、通过生命和为了生命的人类独特事业。"[①] 班主任工作坊就是要在"轻松、丰富、快乐、有意义"的核心宗旨下，激发班主任个体和群体的生命能量，让班主任生命的丰富性和活跃性在班主任工作坊中得以充分释放。班主任的生命能量得以激发，在工作中也能够带动周围的同事，带动班级的学生。这样一来，我们看到的不是一个人而是一群人的生命能量的爆发。在这样的生命实践团队中，班主任可以看到自己、看到对方、看到周围的世界，看到原来真我就在这里，只需要我们的一份坚守。班主任工作也是生命中的一部分，在坚守真我中，班主任可以活出生命的力量。有了生命本真的力量，我们就不难处理工作中遇到的困难。坚守真我，这不仅是班主任面临的挑战，也是我们每一个教育工作者需要努力的方向，因为只有我们在真我之中，才能带领孩子看到最真的"我"。

（李伟，华中科技大学教育科学研究院副教授，
华中师范大学道德教育研究所研究员）

---

① 叶澜. 教育概论[M]. 北京：人民教育出版社，2006：312.

3

班主任工作得不到学生认同，怎么办？

主动出击：用魅力赢得学生

案例

勇于展示自己，主动走向学生

十几年前我从初中调入高中任教，担任高一某实验班班主任，而其他实验班班主任都由本校高中部资深班主任担任，自然地，我班这些中考成绩优秀的学生，看着当时像个中学生且从未教过高中的我，一脸的不信任和委屈。于是，他们有的想找关系转班，有的默然冷眼，有的悄悄对抗，有的故意生事，有的情绪低落……。我明显感受到了那种无声的敌意与深深的不信任。在这种情绪状态下，我的工作思路与规划很难展开，于是，我着手从以下三个方面获取学生的认同。

真实地展示自己，做班级的引领人

一天上晚自习时，因为要给教育厅上交一份课题实验结题资料，我在教室里整理档案袋，旁边做完作业的学生好奇地问我那些是什么，我顺手递给他们，告诉他们是我以前教学中的一些记录和做法。那个晚自习，学生们静静地互相传阅翻着，没有人说话，只有专注凝神的阅读。第二天跑操时，我明显感觉到学生的脚步踏实有劲，而且口号声也响亮很多。

不久后的一节音乐课，政教处抓到我班几个逃课打篮球的男生，把他们从操场带回我的办公室，他们个个垂头丧气，做好了默然以对的准备。

然而，我没有就逃课一事批评他们，反而和他们聊起了我对打球的看法，结果激发了其中两个球迷的兴趣，他们侃侃而谈，兴奋地给我讲打篮球的乐趣，马上忘了自己的逃课行为。最后我和他们商议在我班成立一支篮球队，可以向其他班发起挑战打比赛，但要选择合适的时间。此时，他们才支支吾吾地主动道歉认错。之后，他们着手制定了锻炼和比赛时间，不再逃课打篮球了。

我明白了，原来学生需要知道我对班级管理与班级活动的态度和观点，学生是想了解和探知我的管理特点和处理方式。于是我多次利用主题班会、晨会、活动小结等机会表达自己的教育理念，或与学生分享自己的教育故事、教育日志、叙事以及论文资料等，有意识地主动向学生展示自己，展示自己的教育风格和管理方式，让学生看见我的教育思想和教学理念，并寻求学生的共鸣与理解。赢得了学生的信任，我的班级管理才能获得学生发自内心的接纳和认同。

真诚地交流情感，做学生的知心人

开学几周后，我发现以前总是同进同出的402室八个女生有点异样，其中一个女生李华经常独来独往。观察一周后，我借着写作文的机会，给李华写了一封信，私下表达了我的疑惑和担忧。很快我收到她的一封长信，原来我的猜测是对的，她们确实闹了矛盾，但她请我不要担心，因为她们已经和好，只是还有点别扭和不好意思。我的担心至此解除了。尽管没能帮到李华，但我明显感觉许多学生有事时愿意找我了，我经常收到他们的信件和纸条，有署名的也有没署名的，我都及时一一给予回复，真诚地表明我的看法和建议，甚至也真诚地讲述许多自己的故事。一个多月后，我已和全班学生都交流一遍了。

因为城乡学生的差异，我班学生明显分化成两个派别。为改变这种状况，我有意识地将班干部进行城乡搭配，建议他们合作组织活动，并且我总是和班干部事先谈话，早早了解他们的心理并做好相应的安排。通过谈话交流，我不仅了解到班内学生群体的更多特点，熟悉了一些学生的个性心理，同时我也充分地表露出自己的真诚和对他们的尊重，真实地袒露自己的情感情绪和观点思考，并针对活动安排给出自己的建议和做法。逐渐地，班干部处理班级事务时都带有了我的教育痕迹，并将我的思想和观念无形中传递给了全班学生。

我知道了，只要我主动脱下班主任的刻板面具，主动通过书信、短信、便签、谈话等多种有效的交流方式真诚地与学生交流我的真实情感，真诚地理解与帮助学生，真诚地走进学生心灵深处，真诚地与学生一起做好班级事务工作，做好学生的知心人，学生自然而然地就开始信任我，开始接纳我的教育思想和价值观点，开始认同和支持我的班主任工作。

真切地融入班级生活，做集体的一分子

刚开学军训时，我一直在操场上陪同学生训练，帮学生拿衣服、递送水杯。几周后语文学科举行诗歌朗诵大赛，语文老师布置了朗诵任务后，就因忙于年级任务而离开了。我和课代表一起选择朗诵篇目，领着学生一遍又一遍地排练，在劳累之时不断给他们打气，鼓励他们坚持和努力，给他们租借服装甚至张罗着给他们化妆等，直到比赛结束，没有上场参赛的我比学生还累。

校园日常生活中，每天早操、课间操、眼保健操以及早晚自习等时间，我都会出现在教室，或是专注地备课、批阅作业，或者就班级活动及事件与不同学生谈话、沟通，或是和部分学生私下交流等，我密切关注着班级所有学生的学习生活情况，同时主动参与班级每周主题班会和班级大扫除等。事实上，因为学生已习惯我时时处处投入班级生活，以至于有天我到校外开会时，学生还着急地找科任教师询问我的去向。

我理解了，当我这个班主任主动把自己融入班集体，全身心地参与班级活动，与学生同呼吸、共生活，学生自会敏感地察觉到我的真实存在，并逐渐接纳我是他们中不可缺少的一员，也很自然地从心底深处把我当作

班集体的一分子，与他们休戚相关、荣辱与共，此时的他们就会不由自主地接纳和认可我的工作。

当我作为班主任的工作被学生认可时，我就可以将自己对生命成长的精神力量传递给朝夕相处的他们，跟他们一起享受班集体中的温暖与快乐，还有对彼此的尊重与信任！

（王玉虹，宁夏中卫中学）

自我反思：用真诚打动学生

用正确的方式爱学生

那年我新接手初一某班，已经在班主任岗位上工作多年的我，对每一个学生都不抛弃不放弃，一看到学生有问题，便第一时间提醒、教育，还会赶紧找家长沟通交流。然而，有那么一两次，我情急之下严厉的提醒和教育，换来的却是学生的唇枪舌剑甚至嘶吼咆哮。而我给家长据实反馈孩子的情况，换来的却不是学生的改进和家长的感恩，有个别被我一再提醒的学生及其家长甚至在公开场合表达对我的不满。班级活动中，学生和家长整体表现出的冷漠使我一度难过到流泪。到了初三，学校领导经过综合考虑，将我调离了这个班级。

然而，我一直百思不得其解：到底是哪里出了问题呢？直到那次公开课前的预演，我的亲身经历才让我恍然大悟。

那次预演过程中，一位年纪较大的评课老师一次次地问："对不对啊？"我以为他是要让我回答，谁知我刚开口说了一句"我其实……"，便招来了他滔滔不绝的批评，"不谦虚""不尊重人""不礼貌"等批评指责劈头盖脸地砸下来。这是有生以来第一次，我遭到如此武断、蛮横的指责与批评。我低着头，不让眼泪流出来，虽然默默听着他的批评，内心却很坚决地重复着："不管你说什么，我都不会改的。"不久后的公开课，我完全按照自己的上课模式进行——听课老师给予了很高的评价。

这节公开课成功了，但是评课中的遭遇带给我的强烈冲击久久未散，我试着从多个角度来思考这件事。不可否认，那位对我进行猛烈抨击的老师，他的出发点是好的，希望我能够听进他的建议并有所改进，但是他采用的沟通方式存在问题：语气太过严厉，甚至有点凶狠；用词太过武断，而且轻易就上升到了道德层面。两者相结合，再好的用意也让人难以接受，即便接受了也是口服心不服。

发现了问题所在之后，我又反观自身，却震惊地发现：在我带那个令我心灰意冷的班级时，我一度采用的也同样是这种可怕的沟通方式！对于学生出现的问题，我特别容易着急上火，尤其是同一个问题反复出现时，我的怒火极易瞬间爆发，随之而来的往往就是严厉的批评指责，甚至上纲上线到道德层面。就像我不能心平气和接受那位评课老师的指教一样，学生估计也很难接受我对他们的教育，平时能够不表示出对我的怨恨已经是很有修养、很大度的表现了。家长们对我有意见，估计一方面是基于学生对我的描述，另一方面也是我与家长沟通时带给他们的直观感受导致的。

想通了这些，我才终于明白，沟通必须讲究方法和策略。于是，我开始了系统的学习，并在新接手一个班级后完全改变了以前的沟通方式。

在与学生沟通方面，我开始尝试多用正面积极的话语鼓励和引导学生，多说希望他们可以做到的、正面积极的方面，以此强化他们对自我的正向暗示。遇到问题（包括学生之间的大小纠纷），不管是第几次出现的，我都努力控制自己不去批评指责，而是心平气和地让学生进行事件和问题陈述，并引导学生试着自己思考出解决问题的方法。当我发现学生不恰当的行为时，不管是群体的还是个人的，我会当即制止并告知其错误之处，而后由学生或者我自己提出改正方法，然后让学生反复练习，以取代原来的不当之举。

在与家长沟通方面,我采取群体中多多表扬鼓励、对学生的点滴进步及时肯定的策略,对确实存在问题的学生,私底下与家长联系交流,同时提供解决问题的可行性策略供家长选择,一改以往只是反馈问题、一味批评指责的做法。其实,问题越多的孩子,其家长往往越需要班主任的肯定,因此,除了反馈问题、提供建议之外,我们还要中肯地肯定孩子,坚定家长的信心,增强家长与孩子共同改进的勇气。

如此一来,我的班主任工作更高效了,学生的进步更明显了,大多数学生都掌握了良好的沟通方式,在为人处世和学习等方面都取得了长足的进步。此外,班级成绩跻身年级前列,班级在各项集体活动中屡获佳绩,并被评为先进班集体。这届学生毕业后,我依旧不时听到家长和学生对我的认可。

曾经的我,认真负责、兢兢业业却得不到学生认同,幸运的是,在偶发的不愉快事件的触动下,我及时深入反思,不断学习成长,从不受学生、家长欢迎的老师变成了深受他们喜爱的老师。爱没有错,但如何正确地去爱,值得每一位班主任深思。

(郑秋艳,广东省深圳市龙岗区龙城初级中学)

中途接班:用智慧融入学生

尊重相"联",信任维"系"

新学年,我又成为初三年级的一名班主任,同时还承担四个班级的教学工作。今年接手的班级和以往的班级有很大不同：这个班级因学风涣散和"刺儿头"太多而闻名全校。学风涣散主要是因为多次更换班主任，导致班集体缺少一以贯之的纪律约束，学习目标缺失，班干部队伍无力。但比这些更头疼的是，班主任的频繁更换使班级学生对老师特别是班主任产生了极强的不认同感，并会通过自己的各种行为表达对老师的不满：破坏公物、扰乱课堂、无故旷课、顶撞老师……。看着这群问题层出的学生，听着其他科任教师提及这个班级时的唉声叹气，我也生出了迷茫和困顿。

但，班级，总要坚持带；学习，总要进行；管理，更不能落下。初三，再不让这些孩子努力起来，接下来面临的将不仅仅是中考的失利，更是人生的重大受挫。

主动问候：建立联系的突破口

偶然看到詹姆斯·卡姆的一句话："没有强有力的联系，学生的学习就不会有显著的进步。"这句话给了我很大的启发。确实，学习的本质就是建立各种联系，良好的师生关系是开始有效教育教学活动的前提，师生之间的相互认同也是良好班集体建立的基础，所以基于有效的联系而建立起的信任关系，是实施班级管理的有效突破口。因此，我得尝试和学生建立起强有力的联系并彼此产生信任，然后才能顺利开展班级管理和教学工作。

一旦想通，方法自来，但这是一个听起来很简单、想要做好却很难的方法——主动和全班学生打招呼。为了能做到主动和学生打招呼，且为了防止混淆，我必须记住自己班级学生和所任教的其他班级学生的名字。五个班的学生，加起来有一百六十多个，要想在短时间内全部记住，真不是一件容易的事。

开学第一天，我别出心裁地分别组织这一百六十多个学生进行自我介绍，并且录了视频。晚上回家，我把各班级学生的自我介绍重复观看，目的只有一个：抓特点，记名字！没两天，我就成功从一千多名在校生中认出了从身边擦肩而过的学生小冬，并且准确喊出了她的名字。她的脸"刷"

地红了，显然不太适应来自老师的主动问候，更不太相信班主任会这么快记住她的名字："哦哦，谢谢老师，班主任好！"

这是第一次成功地主动打招呼，继而有了第二次、第三次……，没过两天，我班所有学生都对我"超强的记忆力"赞叹不已。学生们开始觉得我这个班主任很厉害、很特别：这么快就记住了他们的名字，记忆力一定很好；竟然会主动和学生打招呼，这真的很意外！

但我清楚地知道，这不是一件"怪事儿"，这是一个建立师生良好联系的突破口，这是建立师生真诚信任关系的前提。因为，所有被我主动问候过的学生，表情上除了惊讶，还有一抹不易察觉的惊喜。

一视同仁：增强认同的胶着剂

问候是一视同仁的。

初中阶段本来就是自我同一性矛盾冲突最剧烈的阶段。越是表现不好的学生，越是需要我们的关注，作为学生成长中重要的精神关怀者，我们很重要！对那些因为平时表现不好而主动躲避我目光的学生，我会主动走到他们面前，大声表达我的问候和关心。通过自己的观察、与科任教师的交流以及与班级同学的沟通，我找到了这些学生的闪光点，在问候时总不忘先对他们的闪光点提出表扬，再明确指出他们目前存在的问题——很具体，不泛化；多勉励，少指责。几个特别调皮的学生更是我的重点"问候对象"。

通过主动问候，我想向学生们传达这样的态度：老师关注的不仅仅是成绩；在关注成绩之前，我更关注他们的成长；我想给予他们关心和尊重，善意地走进他们的学习生活，帮助他们调整学习状态，引领他们好好学习，促进他们的全面成长。

问候一直在继续，我坚持用这种方式表达对学生成长的关注。学生们也从刚开始的不适应和腼腆，到慢慢开始接受这种特有的表达关心和关爱的方式。渐渐地，他们开始抢先和我打招呼，有学生在五十米之外就开始大声问候我，只为抢先他人一步。

良好师生关系的建立慢慢带来了改变，师生之间的"对抗"一天天少了，关注班级事务的学生一天天多了。在教育活动中，在与学生的交流中，在开展班级活动的过程中，激发了学生学习和参与活动的热情。

在越来越和谐的师生关系中，在不断增强的信任中，班级学生各方面出现了显著进步。我开始对班级学生上课的常规和作业的水准提出了更高的要求。《罗恩老师的奇迹教育：点燃孩子的学习激情》一书说，我们必须以高标准来要求每个孩子，并且要尽力推动他们达到这样的水准。没有严格的要求和有难度的要求，孩子们就不会精彩纷呈，让那些不努力和没尽力的孩子轻而易举地过关不是爱他们而是害他们。因为有了信任的基础，学生们对我提出的"高标准和严要求"不再轻易质疑或者反感。他们尊敬我、喜欢我，并且努力调整着自己的行为，尝试做着以前不曾做、不敢做、不想做的改变。

作为一名中途接班的班主任，与班级学生建立良好的师生关系相对困难。因为接触有限、相处不多、交流很少。想办法克服有限的时空距离，是每一位班主任在建立师生联系上应当做的努力。我想，对学生表示尊重，表达关爱，才是学生能够认同你、接受你、信任你的关键。新型的师生关系建立在民主平等的基础上，班主任对学生主动表达的关爱和关心不仅拉近了师生之间的距离，更促进了学生自身的成长。而我用来表示尊重、表达关爱的方法就是主动问候，学生会在遥远的五十米外大声地回应或问候我。这相隔五十米的问候，就是让学生接纳我进而信任我、愿意追随我的关键，也是克服有限的相处时空的关键。

（陈小军，南京航空航天大学附属初级中学）

做一名"爱新忘旧"的班主任

很多高中班主任都遇到过班级重组或者是中途接班的情况,这种情况下学生们很容易将新班主任与原班主任做对比,而班主任也容易将新的班级与自己之前带过的班级进行比较,班主任与学生之间的矛盾往往就是在这种比较中产生的。我的一次惨痛教训告诉我,要想得到新班级学生的认同,班主任要努力做到"爱新忘旧"。

惨痛教训,"念旧忘新"丢失自我

这个学期,我中途担任了高二甲三班班主任,开始了我作为这个班新班主任的工作旅程。学生其实是最敏感的一个群体,他们对身边的事物都会很关注,尤其是每天与他们朝夕相处的老师,特别是班主任。经过几个星期的接触,学生们终于把他们的想法反映在周记里,其中一名学生的话让我猛然惊醒:

升上高二,我们班换了一位新班主任。这位新班主任在上学期是甲一班的班主任,这个学期调到了我们班。或许是一时间不适应从甲一班到我们甲三班,在刚开学的那几个星期,老师总是说着诸如"很怀念带甲一班的日子,甲三班不如甲一班好"、"带甲一班有多好"之类的话。如果单看成绩,我们确实不如甲一班,但如果从集体的氛围、班里同学的友谊等方面来说,我们绝不比甲一班差。老师,当您说出这些话时,我相信每个学生的心里都很不是滋味。其实班主任在每个学生心里的分量都是很重的。一个班能否团结一心,综合素质能否提高,同学们在班里能否过得愉快,全在于班主任。班主任的言语行为对一个班的影响是非常大的,所以,我很希望老师能尽快融入我们这个班级,抛开以前的思绪,把我们班带得更好。

班主任遭遇成长困境怎么办？

这篇周记引起我深刻的反思，班主任接手新的班级，就应该把过去带班的激情融入新的集体中去，而不是一味地怀念和回忆过去，只有新的激情才能成就新的班集体。我想在接下来的日子，我应该忘记过去所带的班级，全心全意为新的班集体服务，只有这样，我才能让自己有一个全新的开始，才能快速获得学生的认同。

"忘旧"才能赢得新开始

忘记旧的班集体

经过一次一次的调整，我终于学会了如何忘记过去所带的班级，将全部激情投入新的班级工作。我努力克制自己的言行，不轻易在学生面前提及过去的班集体以及我与他们之间的故事，而是用一种新的思维来鼓励他们，尽可能地关心他们的学习及生活，极力融入他们当中，即使暂时得不到他们的认可，我也每天都尽心尽力地对待新的班集体的工作。

忘记学生对我的不满

因为最初的印象不好，班里不少学生对我依然有些怨言，可是我不介意，我努力地想他们所想，爱他们所爱。期中考试，我们班成绩是三个重点班里最差的，但我却没有一句责怪，我告诉他们，不要在乎这一次考试，我们现在成绩差，说明我们的进步空间大。

每周三的体育与艺术活动，我也鼓励学生们积极努力拼搏、争取佳绩，并为他们加油喝彩。在这个过程中，我看到了他们的团结一致，以及为班级荣誉努力拼搏的勇气与担当，同时我又在反思自己，学生们是否能感受到我为他们所做的转变呢？欣慰的是，在这些比赛后学生们所撰写的周记里我看到了以下的文字，这些文字激励着我为甲三班付出我所有的热情。

尽管与甲二班这次比赛输了，但是我们努力拼搏了，我们输得光荣，也正因这次球赛，我感觉到了我们的老师正在为我们班而改变。老师的转变使我们班在每个星期的活动课上都展现出一种欢乐、团结的面貌，无论是拔河比赛还是篮球赛，同学们的参与积极性都更高了。在其他方面，我也感觉到我们班有了很大的转变，当然，这是好的转变，这就是一个班主任的影响力、魅力。

"爱新"，成就新的班集体

经过不断努力，我终于成了一个"爱新忘旧"的班主任。正因为我的"爱新忘旧"才成就了新的自我，让我的班主任管理工作如鱼得水。这是学生最近的一篇周记：

亲爱的婵姐：你可知道吗？曾经，我给自己筑了一道墙，将自己置身其中，对外面的世界充满恐惧，怕触到一种光芒灼伤我的眼睛；对外面的人不敢靠近，怕读到一种感情，刺痛我的心灵……

在这篇周记里，学生称呼我为姐，内容是分享他内心最深处的东西。由此我知道，我已开始融入了他们的学习生活甚至内心世界，在他们心目中，我就像一个大姐姐那样关心他们的成长，这是我一直以来最期待看到的结果。

所以，放下心中的恋旧情绪，才能成就一个新的班集体。让我们一起来做一个"爱新忘旧"的班主任吧，忘记旧的班集体，忘记学生的不好，忘记与学生之间的不愉快，用细心、耐心、爱心对待每一个学生，这样才会成就一个新的自我、一个新的班集体，以及一群新的学生群体。

（周贵婵，广东省广州市增城区新塘中学）

班主任遭遇成长困境怎么办？

班主任获得学生认同之"三忌五宜"

笔者认为，当班主任工作得不到学生的认同时，我们要冷静下来，重视问题，深入反思，找出症结，积极行动；要把它当作一次进步的契机，而不是一味地抱怨自己"运气不好"，埋怨学生"不省心""一届不如一届"。此时，我们可以参考使用"三忌五宜"的策略。

一 获得学生认同之"三忌"

一忌一厢情愿。 当班主任工作开展不顺利，学生不配合，问题频出或者与我们的初衷相违背时，班主任别一厢情愿地认为这没什么，更不可"视而不见"，采用"拖"字诀，一切"让时间去解决"——这是变相的消极不作为，只会加剧矛盾，也会让学生更不信服班主任。

二忌一意孤行。 当学生对班主任的某些做法提出异议时，班主任别一意孤行，更别一口回绝，要有"纳谏"的雅量，也要有柔软的姿态，更要有改进的诚意，否则，很容易冷了学生的心，关了沟通的门，埋了易爆的雷！

三忌一味打压。 有的班主任在工作得不到学生认同时，会认为是学生故意不配合，是学生在挑战自己的"权威"，于是要"给他们点儿颜色看看"；有的更是动用"高压手段"进行"严打"，结果不但于事无补，反而会激起学生的逆反心理，激化矛盾，让情况变得更糟。

获得学生认同之"五宜"

一宜正视问题。学生对班主任的工作不认同,说明班主任在某些方面做得不好,可能是我们的行事风格太过霸道,或者是我们的要求太过苛刻,抑或是我们没有顾及学生的感受……。此时我们要勇于直视问题,别讳疾忌医,别推诿塞责,更别只顾着怨天尤人,而要早日着手解决问题。

二宜放低姿态。出问题了,班主任要放低姿态,主动走到学生中间,展示出我们的诚意,与学生代表、班干部开诚布公地交谈,找出问题的症结所在,为下一步的行动打下基础。班主任给学生"面子",学生就会乐于帮班主任出"点子";我们只有先"弯腰",才有可能再"抬头"!

三宜尊重"民意"。班主任要尊重绝大多数学生的意愿,争取得到大家的支持,在涉及面较广的问题上,比如班干部人选、座位安排、卫生轮值安排、班级内务布置等方面,要尊重"民意",让学生有主人翁的感觉,努力让我们的工作有足够大的支持面,尽量减少"内耗"。

四宜重整旗鼓。当班级管理遭遇困境时,班主任要迅速采取行动,将班级管理工作尽快拉回正常轨道。我们可以先争取班干部和班级热心分子的支持,再有计划地开展工作。对原来做得不合理的地方,对学生反映强烈的问题,我们要下决心去解决;对班集体活动,班主任也要积极投入,为学生做好表率。只有重整旗鼓,班主任才有可能赢回失去的"阵地"。

五宜形成"制度"。借此"机会",班主任要努力让班级管理工作走出"人治"的泥潭,走上"制度"的轨道,做到"责任明确,任务落实;定期检查,奖惩有据"。班主任也要努力学会用"制度"去管理班级,不再事必躬亲,这样不仅避免了自己疲于奔命还让学生抱怨"不公平"的情况,还能提高学生的自我管理能力。

(孙勇,广东省潮州市松昌中学)

班主任遭遇成长困境怎么办?

专家视点

以班主任领导力提升促成学生的持续发展
——基于班主任工作与学生认可度间的关系

班主任的工作直接体现为与学生的交往,班主任的工作质量直接呈现为学生的评价,班主任的工作体验乃至于职业生活的价值感,亦与学生息息相关。如果班主任不能保持良好的工作状态,即便初期能得到学生的认可,后期也会遭遇挫折;班主任在对某些特殊事件的处理上如果有失水准,则可能引发学生认可度的倒转;如果是在学段中途或某种特殊情境下担任班主任,则其与前任班主任工作方式、思维方式的差异,也同样会引发学生的认同危机。

班主任需要理解这种状态,毕竟学生也是有情感和理智的,有自己的价值判断和对班主任工作方式、思维方式的适应过程,也会受到他人、社会环境的极大影响。而且,毕竟班级建设的过程具有超级复杂性。但接纳、理解只是起点,发展学生和班主任才是目的。学生对班主任工作的不认同,是班级建设的危机,是班主任负面情感体验的陷阱,更是班主任专业发展的契机。

在此突出班主任工作与学生认可度的关系,强调班主任领导力的价值,并探索提升学生对班主任工作认可度的可能性。

一 在对教育实践的策划与组织中体现和发展班主任领导力，并提升学生的参与质量

学生的认可，是班主任工作质量评价的直接构成，也直接影响班主任后续的工作质量。学生不认可班主任工作，也可能意味着班主任的工作确实存在问题，甚至是重大问题。当下的"不认可"，如何成为教育的起点？这就需要分析学生是在何种情境下认可或不认可班主任的工作。在这讨论的第一个问题，不是指向于抱怨、指责学生，而是探讨怎样的班主任工作值得学生认可；或者说，将学生的不认可作为前提来"接纳""理解"，可以促成我们对班主任的工作质量进行怎样的反思。

学生认可班主任工作的前提，至少包括学生对班主任工作的了解、理解甚至是参与。如果学生被视为外在的、被控制的对象，则班主任更容易习惯于告知、训诫、命令；而对于学生而言，尤其是判断力与自主性有较好发展的学生，完全可能不认可班主任。而班主任的工作也不应该将学生排除在外，"班主任工作的过程是一个研究学生、成就学生的过程，是一个具体实现育人目标的过程，也是一个动态生成的过程"[1]。相对于当前较多班主任高度关注"做什么"，我们更提倡思考"为谁做""怎么做"等问题，倡导以班主任工作的过程和方法结构而超越、容纳具体的内容结构，突出班主任工作的专业性。

首先，班主任需要在研究学生的基础上，与学生一起开展班级工作策划。

班主任工作的起始阶段，就需要坚守学生立场，突出对学生的尊重，并在学生参与中发展学生。无论是一个学段、一学年或一学期，甚至是一个具体的活动开展，班主任都需要考虑学生的兴趣爱好、个性特长、班级

---

[1] 李家成. 对班主任工作专业标准研制的建议[J]. 班主任之友（中学版），2016（5）：4-5.

基础、发展可能，而不能简单地照搬他人的方案、简单地执行上级的活动要求。通过调查研究、开展策划类的主题班会或对前期工作的自觉反思，通过组织、鼓励学生提出各类活动方案和建议，班主任可将工作建立在学生自主参与的基础上。如果将不同学生的建议乃至于策划方案作为教育的资源，则更容易促成学生的群体交往、社会性学习，甚至形成多样的学生组织或群体，发展富有个性的班级文化。

与之相对立的状态，是班主任极少尊重学生的意见，极少研究学生的成长需要，极少邀请学生参与班级工作策划。在此背景下，学生更容易"不管不问"，甚至反感班主任所开展的相关工作。班主任工作的专业性并不表现在班主任个人式样的聪明甚至是个人英雄主义上，而是体现在研究学生的水平上，体现在基于学生立场并领导学生参与其中的过程里，体现在合理的班级工作策划全程中。

其次，班主任需要在班级建设的具体过程中，以全纳、创新和生态的理念引导学生参与。

班主任工作纷繁复杂，且往往表现为日复一日重复性的状态。这不仅仅会让学生觉得无聊，班主任自己也会倦怠。

在我们开展的项目研究中，明确提出"全纳型班级""创新型班级""生态型班级"的理念，[①] 倡导班主任开展工作时，促成每一个学生的参与和发展。这会极大提升班级的文化品质，更直接保障着教育价值的实现。我们倡导班级工作不断推陈出新，要不断提升班级建设的品质，才不耽误学生的发展。我们鼓励班主任以生态的理念促成班级建设的开放与更新，进而将学生发展的平台与学科学习融通，与大自然、大世界融通。

反之，如果班主任在工作开展中，将许多学生排除在外，这是不可取的，正是这一个个具体的学生，会表达出对班主任工作的认可，进而相互

---

① 李家成. 以新型班级生活提升班主任和学生的生命质量 [J]. 人民教育，2016（Z1）：56-59.

影响；如果班主任仅仅满足于重复，乃至于重复之前成功的经验，是无法满足学生对成长的渴望和内在发展的向往的；如果班主任将学生限定在学科学习中，而不去营造丰富的班级生活，不去推动学生将个人与大世界相联系，那么，学生也难以认同班主任的工作。

再次，班主任需要与学生一起建构属于自己班级的发展系列，创生成长图景。

班主任工作不以一次性的活动为特征，而会延续一年、三年甚至六年。在时间的力量下，班主任与学生之间可以有深入的情感交流，可以建设和发展有归属感的班集体，生成个体与班集体的新型关系。在其中，"集体与个体的关系会有更多的共生与互惠；集体的发展能不断得到每一个体力量的支持，每一个体也能在自己参与建设的集体中感受温暖、友谊与创造；充满生机与活力的班级生活将孕育更成熟的集体和更有力量的个体……"[①]。这样的状态，能形成学生对班主任工作的持续认可，甚至影响学生终身。这就需要班主任放远眼光，从长计议。我们的研究强调对学生不同年段特征的研究和全学段的思考，以发展的视角透析当下的工作，促成学生持续的发展。[②] 在这个过程中，学生和班主任就会一起绘成一幅独一无二的学生成长图景。而这，会成为学生终身的财富。

反之，班主任如果眼光狭隘，仅仅盯着当下的功用，则即便当前得到学生的认可，而随着学生不断成长，后期学生是否也会遗憾于当初的班级生活？班主任需要保持这样的敏感，尽可能对学生的终身发展有积极的促进。

总之，学生是否认可班主任的工作，先决性因素是学生是否真正参与到班级建设中，是否真正建立起学生与班主任的交往关系。作为专业人员，班主任应该领导这样的关系发展和实践变革。

[①] 李家成．在新时代发展班集体与学生个体的健康关系[J]．班主任，2018（3）：5-7．
[②] 黄柳娟．被生长·自生长·共生长：基于"生命·实践"教育理念的班级生长记[J]．班主任，2016（5）：9-14．

在学生发展评价中体现和发展班主任领导力，并提升学生的评价能力

学生对班主任工作的认可与否，就是学生对班主任的评价，反映的是学生的评价能力。而学生的评价是否合理，评价的能力是否在发展，直接决定了学生对班主任工作的认可质量。而班主任在工作中对学生的评价，或对学生的认可度，就直接影响学生的评价学习，进而影响学生对班主任工作的认可度。这样的双向互动关系，就向我们提出新的问题：班主任工作质量的改进是否可以与学生认可品质同步提升？

我们认为，班主任的领导力直接影响学生评价能力的发展。

首先，班主任要组织好专题的评价活动。

班级建设中，班主任会推动开展一系列的主题活动，也会在各类日常工作的基础上，开展专题的总结评价活动。一旦将日常生活聚焦为主题甚至是专题的活动，所有的班级日常生活都立刻转化为具有鲜明教育主题、各类教育资源集聚的教育事件。此时，班主任如何引导学生开展对活动、对他人、对自我的评价，不仅直接影响了学生对班主任工作的认可度，而且培养了学生的评价能力。在此过程中，学生是否会判断活动的价值？是否能全面、理性地判断各类资源？能否开放地接纳不同的评价意见？能否理性与情感融通性地体验自己的成长和班级的发展？这都和专题性评价活动的开展直接有关。在我们的研究中，无论是岗位建设、学生小干部培养，还是班级文化环境的布置、主题班会的开展，都会鼓励班主任开展及时、专题的评价，甚至鼓励以年度为单位，为学生创生每一年都不同的大型庆典活动，从而既提升活动本身的质量和班级建设的水平，也直接唤醒学生的存在感，提升学生的成长感，培养和促进学生的自主发展。

其次，班主任要敏感于日常学生评价。

班级日常生活中，班主任几乎无时无刻不在通过自己的语言、文字、肢体动作等表达着对学生的评价。而学生的直觉和理性的判断，足以让学生敏感于、捕捉到班主任的评价信息，进而会受到不同强度的影响。而班主任是否关注学生的全面发展？是否看重每个学生的点滴进步？是否公正地对待每个学生？是否有足够的勇气和眼光带领学生向着光明前行？学生是会有体验和判断的，也更会形成学生的评价观。因此，要提升学生对班主任工作的认可度，就需要反思学生的评价观，并把发展学生的评价能力作为班主任工作的重要目标。

再次，班主任要随着学生发展水平的提升而不断提升学生评价的内涵和对学生的期望值。

班主任与学生之间是发展关系，也就意味着要追求持续的发展，乃至于学生终身的发展。为此，随着学生发展水平的不断提高，班主任必然需要同步发展，不断提升对学生的支持力度。在评价关系上，就需要随着学生的发展，不断提出新的发展目标，敏感于不断生成的学生发展资源。就当前现状而言，如果不区分年段特征，从小学到初中、高中，都仅仅停留在对学生行为规范的关注上，满足于对学生即时的情感激发和行为训练上，是难以长久获得学生的认可的。尤其是在当前社会与教育变革的新时期，班主任需要增强对学生高端素养的理解与表达，如对学生领导力的研究，对学生财经素养的理解，对学生项目学习的关注等。没有这样的梯度，就难有新一代学生的高品质发展。

总之，学生对班主任工作认可度的状态，本身就是学生评价能力发展状态的直接表达；而学生对班主任工作认可度的提高或降低，或从不认可到认可，或从认可到不认可，一定程度上体现了学生的发展过程，需要班主任去接纳、理解，并始终不放弃对促进学生评价能力发展的追求，而非简单追求学生的认可度。

三 在建构教育生态系统中体现和发展班主任领导力，并提升学生的领导力

作为领导者，班主任不仅要生成和发展与学生的教育关系，而且要为学生创生有意义的发展生态，进而实现对这一教育生态的领导。这将为学生提供更丰富的发展资源，也将促成作为复杂系统的班级的发展。而在其中，当班主任坚持学生立场、注重学生培养时，学生也会逐步成为这个系统的领导者，在学会承担领导责任的过程中发展领导力。

首先，班主任需要促成与科任教师的合作，实现班级内综合育人的新状态。

在我们的研究中，突出了"教育班"的存在，[①] 要求班主任作为基于学生立场的教师团队的领导者，[②] 自觉促成班级教师团队的发育，实现教师间的合作，进而通过多领域的活动开展、组织建构和文化发展，实现学生班级日常生活与学科学习的综合融通。这一认识，是基于对中国班级特殊性的理解，更是在学校变革、终身教育背景下重新认识中国班主任工作的价值。当促成了班主任与科任教师的合作，就可能在保留分科教学、专人负责的中国教育原有优势的基础上，弥补可能的割裂危险，进而实现对班级生活资源的综合开发。

通过班主任领导力的实现，理应促成学生班级生活质量的提升，进而提升学生对班级生活整体的满意度。这也将在综合意义上改进学生对班主任工作的认可度。

[①] 李家成. 教育班：继续探索以班级为基础的德育之路 [J]. 人民教育，2017（20）：28-31.
[②] 李家成. 论班主任作为教师团队的关键人：基于学生立场的教师团队建设之思考 [J]. 教育研究与实验，2010（5）：12-16.

其次，班主任需要加强与家长的合作。

班级是学校家校合作最微观、最丰富的单元，也是直接影响学生发展的教育单元。当班主任促成了家长对班级生活的高质量参与，改进了学生的家庭生活，促成了家长社群的发育和学生校外的群体性交往，就能极大满足学生多方面的发展需要，综合改进学生的发展。具体的合作内容可以非常丰富，例如家校联合教研、家长组织的校外活动、基于生活小区的服务学习、学生合作学习小组建立中的家长支持、学生寒暑假生活的大变革等。班主任需要尊重家长，学会与家长建立双向互动的合作关系，特别是将学生的利益置于家校合作的核心，建设高品质的班级命运共同体。

这样的生态系统建设，将大大提高家长的参与质量，也将通过家长的参与和家长在家庭生活中的影响，一方面改进学生对班主任工作的评价，另一方面促成学生与家长、教师的关系建构，进而有可能发展起学生领导的家校合作系列活动。

再次，班主任还需要促成班级与社区的互动，促成社会人士的教育参与。

当前的教育越来越处于开放系统中，不仅仅在实体意义上保持着与社区机构、社区人士的交往，而且通过互联网，甚至会建立与大洋彼岸的联系。班主任可以推动学生实现自觉的社区服务学习、项目学习，可以引导学生体验和参与社会生活，可以鼓励学生借助互联网与他人建立积极的联系，可以促成学生良好的社会性与情感性发展。在这样的开放系统中，班主任领导力至关重要，因为它直接影响着学生与社区的关系性质和内容结构，是班主任工作内容的构成；也同时在以外部的力量影响着学生的评价能力、参与质量，引导学生在复杂系统中学会学习、承担领导责任、实现健康发展。

总之，学生是否认可班主任的工作，远非一个简单的现象或问题，而是充满复杂性的教育情境。对于班主任来说，学会合理判断问题之所在，学会以积极的思维力量走出困境，学会以综合融通的方式促成改变或发展，进而以自己的实践力量创生新局面并同时面对新的挑战,是班主任专业性的直接表达。而在班主任的专业发展过程中,学生不仅仅会认可班主任的工作,更会享受这样的教育生活,体验生活的乐趣与意义。这,该是多么值得追求的啊!

(李家成,上海终身教育研究院执行副院长,华东师范大学教育学系教授,教育部人文社科重点研究基地基础教育改革与发展研究所研究员)

班主任职责"无疆界"与精力有限发生矛盾，怎么办

同是老班,两个样

刘老师忙、茫、盲的一天

刘老师,小学五年级班主任并教两个班的数学,教龄三年,是区骨干班主任培训班学员。

她感觉自己每天总有做不完的事,忙得焦头烂额,更别说有多少时间照顾家人和孩子。

清晨,她走进学校,在包干区转一圈后到教室看学生早读,检查卫生、家庭作业的完成情况,顺便看看需要跟哪个学生聊天、谈心。

回到办公室,她打开网页看看新闻和校园网的通知,并从前一天"优秀班集体评比"的通告、评比中分析今天要抓的工作,一节课就过去了。接下来是两节数学课。课后,她感觉由于备课不足,学生学得不够扎实,想静下心来修改教案、写课后反思,此时电话铃响了。原来由于没有及时看通知,全校就剩她班的"学生意外保险"资料没有录入。十万火急,正准备"救火",学生跑来告状:"小政又打人了。"立刻了解情况,做学生思想工作,电话联系家长……

下午第一节课本打算对校运会、本月优秀班级评比做个总结,但体育老师外出带队比赛,需要班主任临时代课,无奈计划取消,临时修改班会教案。班会课后,随意指派几个班干组织学生大扫除,自己则奔赴"七巧板"训练室。结束训练,学校教师例会开始了。六点,例会终于结束,刘老师的骨头也散了。

可是，下周的公开课还没着手准备，明天的课没备，几个成绩差的孩子没跟其家长联系，培训班要求的教育叙事没写，学生的作业也堆积如山了……，周五还要请假带妈妈看病，五天工作压成四天，看来今晚又得加班了。

晚上，家里打电话催她回去过母亲节，但哪有时间啊，只好生硬地说了句"不回了，你们自己过吧"。电话中听到家里人很不开心，刘老师自己也开心不起来……

（梁冬梅，广东省深圳市光明新区马田小学）

案例

做班主任——让我魂牵梦绕的享受

班主任一累局局全揽，二累尽力不讨好，三累无计可施。君欲游刃有余管纪律，省心省力搞活动，得心应手提成绩，且看妙招。

分身有术

我有个合作者，我带一班，她带二班。我懂男生性格，她晓女生需要。午睡、晚睡，我上北楼，兼顾两班男生；她上南楼，兼顾两班女生，彼此节约时间。她班男生打架，交给我，一切搞定；我班女生有难言之隐，交给她，轻松解决。那天，我母亲生日，我打电话给她："我在老家，晚读你帮忙点名。"她回话："看到你没来，我正在你班点名。"长期合作，已成默契！

左手右手

科任教师是我的左手——正课,科任教师管。年级会上,我恳切地说:"同舟共济,拜托各位同人齐抓共管。学生违纪,先提醒;再违纪,可交给值日领导或政教处,当然也可以交给我。"

班干部是我的右手——自习课,他们轮值维持纪律,记录违纪。纪律委员说:"经过劝说,小悦与小俐还说悄悄话,宜调开位置。"我说:"好!你比我更了解同学们,想必你已经心中有谱,把方案做出来,我来宣布。"

宿舍,舍长管;劳动,劳动委员管……

欣赏重用

汉高祖刘邦论得天下:运筹帷幄,决胜千里,我不如张良;安抚百姓,筹集粮草,我不如萧何;领兵打仗,攻城略地,我不如韩信。我用此三杰,得天下。而项羽刚愎自用,虽有一范增,但弃之不用,所以败。

年级要进行拔河比赛,我说:"小源,你是'大哥大',男生由你指挥,定会旗开得胜;'大姐大'小沙,你来统领女生,必定所向披靡。凯旋之时,我给每位英雄颁发'一级拔河勋章'。"二位大将欣然领命,掌声雷动。果然首战告捷。当晚,我约了二十二位选手到操场,"这是我家的荔枝,大家尝尝"。这群"猴子"伸爪张嘴:"真甜,好吃!"不用我打气,孩子们七嘴八舌:"我们一定要拿冠军,才能对得起老陈的荔枝。"

校庆快到了,学校要求布置教室。我说:"老陈我清清楚楚记得小程的梦想是'服装设计师,赫赫有名的那种',现在你就是我们的设计师,请把教室打扮成'喜羊羊',助手任你选,经费随你支。"英语老师赞叹:"门口红红的中国结,已经给我家的感觉;室内淡雅和谐的装饰,更给我家的温暖。这样的教室谁不喜欢?"

班规简明易行

班规仅两条，易记易行。

第一条："违纪三次，家长签字；违纪五次，家长来校。"建立档案，每生一页，每次违纪，均由学生用一句话概括并写上，我趁机进行教育。违纪三次，由学生抄录回家给家长签字，我随后与家长沟通。第四次再敲警钟，第五次通知家长来校共同教育。有家长来时，违纪三次、四次的学生成为"观察团"，通常，家长教育自己孩子的同时，也教育了"观察团"，起到一箭双雕、敲山震虎的作用。

第二条："按时、按质、按量完成任务，否则重做，直至完满。"今天的值日生扫地不干净，劳动委员要求他们明天重做……

一视同仁地执行，班干违纪毫不例外；坚定不移地贯彻，培养孩子们言必信、行必果的品质。

由激励变成自励

我班取名"成功班"，教室后墙大书"自强不息，做人成功，学业成功，事业成功"的班魂根植于每个孩子的心灵深处，体现在每个少年的实际行动中。

战旗飘扬，英姿飒爽。全班六十六人，分成十六个团队，第一团团长小程，战旗"前程锦绣"；第二团团长小源，战旗"旭日东升"；第三团团长小潮，战旗"居高声自远"……，朝气蓬勃的少年，扛着战旗，穿着班服（印制"成功班"首字母"CGB"的文化衫），奔跑在运动场上，犹如一支军队，充满了无穷的斗志。

"六年磨一剑，金榜题我名"贴在黑板上方。初一入学始，就激励孩子们早立志、立大志，为己争荣，为校增光，为家添彩。

随着时间的推移，成功的思想、战斗的精神、坚韧的意志、远大的志向，慢慢由我的外在激励变成孩子们内在的自励，学习由被动变成主动，学业成为全力以赴的主业。正如梁启超所说："专心做一职业时，把许多游思、妄想杜绝了，省却无限闲烦闷。"

至此，学生的问题日益减少，我的工作量随之减少，轻松管理班级的心愿逐渐达成。当孩子们做人成功、学业成功时，我的成就感油然而生，当班主任成为一种魂牵梦绕的享受。

（陈均梅，广西灵山县化龙中学）

各司其职，有图有真相

班主任的角色定位

要回答本文讨论的问题，首先请看如下两种管理方式：

左图像一个人拎着所有东西，其他人无法发挥潜力，面对事情也没有商量的余地。我想，很多班主任就像这幅图中所示的样子，兢兢业业、不辞劳苦地把所有事情都担了起来，但结果呢，耗费了大量时间和精力，身

心疲惫，效果却不佳。这是过多地强调了班主任的主导地位，而制约了学生的主动性和创造性。

右图是呈现树状结构的有机系统。干部如同树干，班主任就是树根，树根在土下，能帮助树干茁壮成长。枝叶就好比普通学生，随着外界环境的变迁，呈现出参差不齐的发展状态。根部吸收水分，源源不断地供给树干，树干支撑枝叶的生长。大家彼此依赖，又相对独立，最后呈现出枝繁叶茂的景象。

儒家的"任官得人"而"无为而治"，其奥妙就在于领导者可以集众人之长，而免去众人之劳，就是用人要得当，并高度信任，充分放权。因此，班主任要学会授权，实行分级管理，"知人善任"，实行"上下各司其职"，做到"人尽其才"。充分调动学生班干部、团干部的积极性。若班主任事必躬亲，不仅不能调动学生织极性、主动性和创造性，而且也不符合培养学生实践能力、创新能力的素质教育要求。

我们经常会不知不觉地掉进"为管理而管理""为领导而领导"的陷阱，进行很多并无实际效益的管理，枉自作为。在管理上，也可以说"你管得越多，底下人越无心做事；干预得越多，大家越无所适从"。

所以，班主任如果能做好角色定位，善于捕捉教育契机，就会收到意想不到的效果。苦口婆心的说教，远远不如自我体验更为深刻。自我教育的过程虽然漫长，可取得的认知却是深刻的。它能够有效地唤醒和拓展学生的内在潜能，使我们感受到教育的神奇和独特魅力。

（陈捷，北京市第一六六中学）

班主任遭遇成长困境怎么办？

重视第二象限

　　时间管理有个象限法则，即把事务按紧急、重要两个指标，按象限方法划分为四个象限，第一象限是紧急且重要的事务，第二象限是不紧急但重要的事务，第三象限是紧急但不重要的事务，第四象限是不紧急也不重要的事务。我们习惯于优先处理第一象限的事务。除此之外，我认为，还应该更为重视第二象限的事务，特别对于班主任而言。

第二象限有哪些事务

　　班主任繁多的事务大约有四大类，即工作事务、学习事务、生活事务、健康事务。第二象限是不紧急但重要的事务，按我的理解，应该就是围绕班主任个人展开的一些核心的、有战略意义、长期才能完成的事务。具体来讲，工作事务，是班级文化建设，即建设一个优秀的班集体；学习事务，是加强读书写作，成为一个专业化的班主任；生活事务，是保持家庭和谐，培养自己的孩子；健康事务，是加强运动，保持身心平衡。这都是一些大事、难事、长远事、全局事，关系到班主任工作学习生活的方方面面。

为什么要重视第二象限事务

　　处理好第二象限事务，决定了班主任的高度。班主任工作是一项专业性很强的工作，不仅需要有专业化的精神、专业化的态度，同样需要有专业化的方法和技巧。在班主任众多工作内容中，班级常规管理是基础，"问题学生"教育是重要内容，形成教育合力是保障，但是如果班主任只是做好班级常规管理等工作，顶多算管得住班。只有当一个班主任带出了优秀的班集体，在班级中创造了优秀的文化氛围，丰富了师生生活，把班级真正还给了学生，这样的班级才是真正优秀的班级，这样的班主任工作才真正是有高度的班主任。

处理好第二象限事务，决定了班主任的宽度。班主任需要有宽广的教育视野，不仅要熟悉本学科内容，也要了解教育学、心理学、管理学等相关知识。班主任因此要广泛阅读，了解不同类型的知识，熟悉各种概念、理论与方法。班主任要经常性地研究教育对象、反思教育行为、进行教育写作，在写作中深化认识，这样才能对常见现象有较深入的理解。通过读写，不断深化对班主任工作的理解，不断完善班主任工作的技巧与智慧，只有这样，才能处理好越来越复杂、越来越烦琐的教育问题，工作才能游刃有余。

处理好第二象限事务，决定了班主任的温度。班主任要对孩子有温情，这种温情可以从班主任对生活的热爱开始，一个热爱生活、有健康生活情趣的班主任，是对学生最好的示范。工作不是班主任的全部，家庭生活也是一个合格班主任应该考虑的，处理好家庭生活事务也是班主任作为一个社会人应尽的责任。特别是有孩子的班主任，父亲或母亲的职责要求我们必须在教育好学生的同时，也培养好自己的孩子，那种"种了责任田，荒了自留地"的老师走不了很远。另外，健康也是对一个优秀班主任的重要要求，这点毋庸置疑。

如何做到重视第二象限事务

做到重视第二象限事务，并不是说不做紧急且重要的事务，而是说要每天坚持做这些不紧急但重要的事务，即要留出必要的时间，并长期坚持。

李镇西老师有个著名的每日"五个一工程"：上好一堂课，至少找一名学生谈心或书面交流，思考一个教育或社会问题，每天读书不少于一万字，写一篇教育日记。能每天做到这"五个一"，说实话很难，但李镇西肯定地说，如果每天坚持做到这"五个一"，一个教师想不成功都很困难！从时间管理的角度看，李老师的"五个一"并没有包含生活与健康方面的内容，这可能是侧重点的问题。我建议，我们可结合自己的情况，有针对性地制定个人化的每日"五个一工程"、每周"三个一工程"，把工作事务、学习事务、生活事务、健康事务中的关键事务综合考虑进来，可能会对我们各方面都有较大裨益。

最后，我想说，做好第二象限事务，第一象限的事务就会越来越少，班主任才可能真正从琐碎中走出来，创造属于师生共有的幸福生活。

（谢德华，广东省深圳市光明新区教育科学研究管理中心）

"勤"班主任，有"懒"办法

缩小职责·管理精力

一段失败的工作经历让我有了更深的思考。

学生上初一时，我非常认真地管理班级的各项事务，从不敢掉以轻心，甚至每天早晚值日我也用心监督、指导学生完成。通过一年努力，学生及家长对我非常认可，班级在学校各项评比中也都榜上有名。但在兴奋之余，我却意识到，这样的工作让我非常疲惫，我的生活已经被工作填满，甚至容不下一丝空间思考个人成长，这又怎么会成为"智慧之师"呢？鉴于此，为了解放自己，我在初二上学期将一些工作交给了班干部。我相信他们可以做得很好。但我错了，没有尺子又有几个人能画好直线呢？当学期结束，我反思这一学期的班级工作时，我发现没有我的帮助，班级内打架、逃值日、处分等问题接二连三地发生了。我不断地问自己：怎么才能做好班主任工作呢？

反复思考后，在下学期，我对自己的工作进行了重新规划。首先我确定了自己的成长目标：智慧之师。接着，我将两次工作方式进行了对比，然后给自己提出"缩小职责，管理精力"的新要求。同时，我给自己提出两个问题：一是我的精力怎么用？二是哪些工作可以分给学生帮助我处理？带着问题，经过认真思考后我得出以下几点想法。

首先，打有准备的仗。 根据前一时期的带班经验我发现：当处理临时发生的问题时，自己会措手不及并浪费大量精力。基于这一点，我开始将处理问题转换成预设问题及思考处理方法。开学前，我利用几天的时间思考班级中出现的问题以及存在的隐患，并设想相关的解决方法。如放学时班级学生逗留，造成值日生无法尽快完成值日。出现这一问题的原因是同学之间相互等待搭伴回家。于是，我让学生自愿结组值日，并让组员推选组长负责。施行这一方案后，大大缩短了值日时间。不仅如此，我也将自己解放出来，不用再站在班里一直"监督"他们做值日了。

其次，具体工作分摊到个人。 对一些关联性不大、便于操作的工作，我分给学生处理，同时思考交给什么样的学生，他们处理的过程中可能会发生哪些问题，以及要怎么处理等。比如收费，我交给了生活委员。每次收钱，我都会给她一份名单。我要求她收费时不找钱，等所有人都交齐，数目核对无误后再根据名单找钱。这样我可以省下时间做其他工作，而且生活委员在收费时也不会犯错。

最后，自主观念是根本。 班主任要教会学生思考和处理问题。让学生自主、正确地对自己的行为进行评判，减少不必要的问题发生。如在班会中播放公益广告 Family。在学生谈过感受后，我对他们的发言进行总结并给予一定的引导，让学生学会站在他人的角度思考问题，感恩父母的付出。

我想，当真正做到"缩小职责，管理精力"后，班主任将不再迷茫和无奈，取而代之的是幸福与充实。

（熊明玉，中央工艺美术学院附属中学）

班主任遭遇成长困境怎么办？

案例

晨会，让孩子上讲台

"张老师，×××今天在地上扔垃圾了。""张老师，×××下课时在我身上打了一巴掌。"……，小孩子总有无穷无尽的问题要向老师反映，老师如果事无巨细都要管就会很累，效果却不一定理想，特别是不利于培养孩子的良好习惯。为此，每天一次的晨会课，就成了我为孩子们"搭建"的一个很好的自我管理平台。

我让孩子们把每天在生活中发现的、想要反映的人和事等及时记录在专门的练习本上，晨会时集中反映，并提出自己的"希望"。"希望×××同学早读时不要说话，这样不仅自己没有读好书，还影响其他人读书。""希望×××同学下楼时要一步一个台阶，不能从上往下跳，很危险！"因为孩子们整天相处，能看到许多老师看不到的，听到许多老师听不到的，从而能"管理"到许多老师所不可能涉及的教育管理中的方方面面。当然，这种做法不是强化孩子打小报告，更重要的意义在于使孩子们从相互管理到自我管理，由单纯的受教育者到教育者角色的转变。孩子们会在生活中自觉成为一个有心人，在观察、评价别人的同时，也是一种自我教育、自我成长。

孩子们说的内容都是他们所看到、听到或想到的，他们之间是一种无障碍、无压力的沟通；说的内容都来自孩子的生活，其他孩子感同身受，这样，有助于教师下一步的教育引导。当然，有时也有说得不对的，但这也没关系，讲台也同时给对方提供一个辩解的平台。晨会的气氛是孩子们自己创设的，是轻松的，因为孩子们处理问题总是倾向于宽容的，"×××同学，希望你不要总是给别人起绰号，如果是别人总给你起绰号，你是不是也很生气"。这样一句谈心式的换位思考，对被批评的孩子来说，比由老师处理所承受的心理压力要小得多，但教育效果却好得多。孩子们反映的可能是个别孩子身上的问题或现象，但是受教育的却是班级中的每一个孩子。

小学的孩子们有很强的向师性，这就决定了他们愿意向着老师所期望的方向发展。很多时候，孩子们犯错并不是故意的，仅仅是对自己的言行缺乏客观评价的能力，或是主观认识上存在着误区。晨会虽然只有十分钟，但每天孩子们的正确或错误的言行都可能得到及时反馈。凭借这些反馈，孩子们能正确地了解自己的语言、行为的意义，并以此为依据调节自己的言行。而此时作为一个听众的我，也能及时了解"群众"的声音，对孩子们的很多问题或倾向做到早发现、早解决。而这一切的一切只需要教师提供一个平台——一个给孩子们自我管理的平台。

（张成先，安徽省马鞍山市含山县环峰小学）

"提效"是解决矛盾的关键

班主任在学校管理中充当着重要的角色。如果对班级的管理缺乏系统的规划，对突发事件缺乏一定的应对能力，在实际管理中，班主任势必会感到力不从心，精力有限，很忙，很累！出现这种"班主任职责'无疆界'与精力有限之间的矛盾"便成为必然。

如何真正做到提高管理效率？多年的班主任管理经验告诉我，实现班主任工作"规范化""系统化""程序化""预见化""疏导化""协作化""自治化"至关重要。

规范化——工作有章可循

每个学校对班级管理都有规范要求，如果班主任没有遵循学校的规范要求，就会出现工作交叉，既多花了精力，也使工作处于无序状态，甚至出现混乱，从而增加班级管理的难度。如果能做到规范化，就可以大大提高工作效率，使班主任工作更科学有序地开展，并更好地服务于教育教学活动。

系统化——优化班级结构

系统是由相互联系的要素组成，并有一定层次和结构的整体。班级也不例外，只有优化构成班级系统的要素、层次和结构，班级系统才会发生良性变化，从而提高工作效率，有效化解班主任职责"无疆界"与精力有限之间的矛盾。

优化班级系统的构成要素

学生是班级系统的构成要素，可谓有什么样水平的学生就有什么样的班级系统。而对班级系统影响最显著的学生主要有两部分：一是班干部，提高班干部思想水平、工作积极性和工作能力，促使班干部发生变化，就会带动和影响全班学生；二是个别"问题学生"，像学习态度不端正、不守纪律的学生，班主任应该着力转变他们的思想，稳定他们的情绪，促成他们转化，这样也就稳定了班级其他学生的思想，使全班呈现积极向上的新面貌。

优化班级系统层次

任何系统都有一定的层次，层次多少对系统整体功能影响很大。将班级分成班主任、班委会、小组长三个层次进行管理比较合适，更有利于提高班级管理效率。如有些班没有设立小组长，没有了这个层次，班级缺乏竞争机制，可能会影响学生的学习积极性。

优化班级系统结构

结构是保持整体功能的基础，是系统内部各要素的搭配和组合方式，是决定系统功能的。对于班级而言，有班干部的结构、小组学生的结构、学生座位的结构，这些结构中有一个不合理都会影响班级系统的功能。因此，班主任必须想办法组织好各个要素，建立起合理的班级系统结构。

程序化——有计划、有步骤

班级管理中绝大部分都是常态问题，对于常态问题就应准备一份详细的工作计划，并在管理过程中严格按照计划逐步实施。在制订计划时，有些问题需要特别注意：对于刚接手的班级，不能急于说教，要对学生的情况多观察、多了解、多总结；制定的班规要能规范本班学生的言行，具有一定的针对性，并严格执行，以利于培养他们良好的生活和学习习惯；班会课不能随想随说，要有明确的议题，并能解决班级近期出现的问题，既精彩又有效；在教育教学中避免啰唆，注重身教，要公平公正地对待每个学生。班级管理做到了"程序化"，工作也就会有条不紊，事半功倍。

预见化——防患于未然

班主任对工作有一定的预见能力，这样就可以采取有针对性的措施，防患于未然。如学校将在礼堂举行开学典礼，班主任预见到可能会出现个别学生不守会场纪律、在会场乱扔垃圾，散会后上下楼梯出现拥挤等不良现象，就在会前对学生提出相关要求，讲清道理，结果自然较好。预见性体现在方方面面，这就要求班主任平时勤观察、多思考、勤接触、多交流。

疏导化——疏通和引导

班级管理中出现的诸多问题，既有共同性，又有偶然性或特殊性，为此我们应该区别对待，共性与偶然性问题需要班主任具有预见性，特殊性问题就得加以疏导。所谓疏导，即"疏通"和"引导"。"疏通"就是通过一定的方法，努力创设宽松、和谐的氛围，让学生对老师有一种信任感，从而敞开心扉，愿意接受老师的意见与建议。"引导"是指在系统了解的基础上，抓住主线，循循善诱，改变学生的不正确认知，帮助学生解惑。做好了学生的心理疏导，也就可以成功地转化这些学生。

协作化——利用其他资源

在班级管理中，需要协作的主要有家校间、班主任与教师间、班与班间。做好家校间协作，争取到家长的配合，会收到意想不到的效果。加强与授课老师的联系，可以增进科任老师对学生的了解，科任老师还可帮班主任分担班级管理的压力。反过来，从授课老师那里也可了解学生的真实动态，共同商讨如何更好地教育学生。加强与其他班主任的联系，好处多多。如新手班主任与有经验班主任可以互通有无，男女班主任可以取长补短。特别对于一些"问题学生"可以发挥集体的力量来引导其健康成长，对于突发事件，班主任间还可以协作处理。

自治化——学生自我管理

每个学生都有不同的特点和长处，班主任只要加以引导，敢于放手，他们就可以成为得力的小助手，协助我们管理好班级。具体做法有：注重选择和培养优秀班干部，使其成为正确舆论的实践者，规范班级行为的示范者，落实各项工作的带头人；确保整个班级人人有事做，事事有人做，任务实行承包，进而增强班级学生的责任感；班级管理还要做到公平、公正、透明，要推行"人人可管我，我可管人人"的班风，以培养他们的竞争意识、自律意识和责任意识，达到自我管理的目标。

总之，班主任职责之广、任务之重、工作之繁、精力之有限都是事实，但是只要我们热爱自己的班主任工作，肯钻研，肯实践，再反思、再总结、再实践，就能不断提高工作效率，很好化解"班主任职责'无疆界'与精力有限之间的矛盾"，迎来班主任工作的蓝天！

（许德凯，安徽省合肥市庐江县店桥初级中学）

创新管理模式　提升专业素养

　　班主任是一个重要的专业性岗位，有其明确的工作职责。新中国成立以来，国家多次颁布相关文件，并与时俱进、不断完善。1952年3月，教育部颁发的《小学暂行规程（草案）》和《中学暂行规程（草案）》中，都明确地提出了班级设班主任的要求。1998年7月，原国家教委又制定了《中学班主任工作的暂行条例》和《小学班主任工作的暂行条例》，提出了中学班主任的八条职责和小学班主任的七条职责，要求班主任对他们所辖班级学生的生活、学习、工作，以及学生的素质和班集体形成与发展承担重要责任，要对学生和班集体进行教育和管理。2006年6月，教育部印发的《关于进一步加强中小学班主任工作的意见》；2009年8月，教育部颁布的《中小学班主任工作规定》，对班主任工作职责都进行了明确规定。

　　但在现实生活中，确实存在着班主任工作职责"无边界"与精力有限的矛盾。这是因为，班主任工作是繁重的。"在普遍要求全体教师都要努力承担育人工作的情况下，班主任的责任更重，要求更高。"班主任要对几十个学生的身心健康负责，要关心每一个学生的成长和发展，要深入细致地做好每一个学生的思想工作，因此班主任要承担比一般教师更艰巨的任务。为了完成这些繁重的任务，班主任需要付出几倍于他人的努力，需要全身心地投入,把自己的青春和精力、知识和才智全部奉献给班上的每一个学生。

班主任工作既是繁重的,也是复杂的。班主任要按照素质教育的要求和学校的教育教学计划,结合本班的具体情况,全面、具体、细致地教育、管理、指导学生,把班级建设成为优秀班集体。班主任要统一协调班级教育工作,全面关心学生的思想、学习、劳动、生活、体育和文娱,促进学生全面发展和素质提高。因此,在学校中凡与学生有关的大大小小的事情都要找班主任,都得由班主任来协调解决。"上面千条线,下面一根针",班主任对班级、学生、学校、家庭、社会具有无限的责任,这就产生了班主任工作职责"无边界"与精力有限的矛盾,这也是造成班主任负担过重、职业倦怠的重要原因。

"教育要发展,根本靠改革。"解决班主任职责"无边界"与精力有限的矛盾,需要内外结合、通力协作;需要更新观念,同心奋进;需要树立边界意识,创新管理模式,提升专业素养,改进班级管理。

一 树立边界意识

在现实生活中,班主任在学生成长发展中的专业地位和重要作用已逐渐为人们所认同,"有什么样的班主任,就有什么样的班级"。许多家长不仅要选择学校,还要选择班主任。但这并不意味着班主任工作漫无边际,可以包打天下。因此,学校内部需要科学界定班主任的工作职责,树立边界意识。例如学生的学习成绩,不能片面问责班主任。因为,影响学生学习成绩的因素有很多,而且学习成绩如何首先是学生自己的事情,因此,不能给班主任布置学生学习成绩的指标,增加班主任的精神负担和工作压力。

又如学科的课堂纪律和学生成绩,不能片面要求班主任负责。因为,学科的课堂纪律和学生的学习成绩,主要应该由科任教师负责,科任教师同样承担着教书育人的职责,因此,不应该把课堂上发生的事情推给班主任来处理,增加班主任不合理的工作负担。我国中小学班主任都具有双重身份，他们既要上好课又要做好班主任工作，负担很重、精力有限。因此，一些无关班级管理的事务，就不能随便交给班主任。这样，才能使班主任集中时间和精力，尽心尽责，教育好学生，管理好班级。

二 创新管理模式

制度建设带有根本性、长期性和稳定性的特点。学校领导和相关部门应当采取切实有效的措施，通过制定相关政策和制度，建立全员育人的机制，减轻班主任过重的精神负担和工作压力，"解放班主任"。近年来，各地在创新班级管理模式方面做了有益的探索和尝试，可供借鉴。

实施德育导师制。这是一种以班主任为核心、班级科任教师为成员的育人模式，每个科任教师都是导师，一个导师负责一定数目的学生，在品德和心理等方面为各自"承包"的学生提供全方位、个性化的指导和帮助。科任教师的参与将极大地减轻班主任的工作负担，从而改变过去仅仅依靠班主任孤军奋战的局面，改变对德育的片面认识和单一的德育模式，形成班主任与科任教师协同作战、全员育人的新局面。以德育导师制为载体，建立一支全员参与的德育队伍，使德育与智育有机结合，真正做到全员育人、全程育人、全方位育人。

建立班级教育小组。为了加强学生管理，一些学校实行年级组管理体制，在每一个班级建立由班主任和科任教师组成的班级教育小组，集中坐班，协调管理，发挥教师群体参与班级管理的作用，了解学生的思想、学习、心理方面的情况，大家一起对学生的思想和行为进行诊断，制定统一的教育方案，这是面向全体学生、全员育人的有效形式。实践表明，实行班级教育小组，能有效地改变班主任单打独斗管理班级的局面。

三 提升专业素养

班主任工作是一项专业性很强的工作，不仅需要先进教育观念的引领和高尚人格力量的支撑，更需要班主任的教育智慧和专业能力。班主任要有清醒的专业自觉，在专业认知、专业能力、专业道德等方面不断提升自我、超越自我，这是解决班主任职责"无边界"与精力有限矛盾的有效路径。

深化专业认知。班主任除了与科任教师一样要了解和掌握教育理论知识外，还需要了解德育原理、班主任学的基本理论和实践知识，需要掌握班级管理学和班主任工作行为学的相关理论知识并逐步运用到学生教育和班集体建设与管理之中，形成自己的工作风格。由于班主任专业角色的丰富性，需要对学生进行心理、科技、环保、艺术等多方面的教育，班主任就要有广博的科学文化知识。丰富而深刻的专业认知可以更新班主任的教育理念，让其用科学理论武装自己，明确职责使命，优化工作行为，促进自主发展。

增强专业能力。一个专业化的班主任，必须具备多方面的能力。例如，深入了解和研究学生的能力、创建班集体的能力、做好个别学生工作的能力、组织开展多种活动的能力、灵活机智的应变能力、交往协调能力以及熟练地运用网络开展德育工作的能力等。此外，班主任还应有较强的教育科研能力。班主任工作有特殊的研究对象和研究领域，既要研究教学领域的问题，更要研究班级德育和班集体建设与管理过程中遇到的新情况、新问题，不断提高班主任工作的科学性和有效性。

提升专业道德。班主任的教育劳动，既是道德教育的过程，也是班主任做人的过程，也是班主任展现自己道德人格的过程。提升专业道德和思想境界，可以增强班主任的职业幸福感。因为能够在工作中体会到幸福的人不会从奉献中感到有什么损失，实际上他甚至不会意识到自己是在奉献，他只从工作中感到生命的充实和生活的乐趣。有时即使工作很苦、很累，但也是"累并快乐着"。在他们看来，"当教师不做班主任，就不能真正体验到当教师的幸福与快乐"。

四 改进班级管理

班级管理既是科学，又是艺术。班级管理首先是制度管理，"没有规矩，不成方圆"。常规管理是班级制度管理的基础，是班集体能够正常运行的基本保证。在班级制度管理的基础上要实行民主管理。班集体是师生共同组成的集体，班级管理应该发挥师生的共同作用，班主任在班级管理中发挥主导作用，学生发挥主体作用，共同努力把班级管理好。民主管理的关键是班级的全体成员形成主人翁责任感，形成自觉的积极性和创造性，这种主人翁意识是在实施民主管理的活动中形成的。班主任要组织学生参与班级管理目标的确定，参与班级工作计划的制订，参与具体管理活动的实施。学生的这种参与意识越强、参与的活动越多、参与的过程越被信任，他们的主人翁责任感、集体荣誉感、为集体做贡献的精神就越强，就越能发挥自我教育的积极性和主动性。

著名教育家魏书生任班主任的班级，五十个学生就是五十个班主任助手、五十个副班主任。他带的班有一个特点：人人有事干，事事有人干，时时有人干。学生都有以主人翁的姿态参与班集体建设的积极性。全员参与的方法既使学生的能力得到锻炼和提高，同时也使班主任从苦与累的心态中解放出来，从事务性的应付中解放出来，让班主任拥有更健康的心智，更饱满的激情，更充裕的时间，集中精力，突出重点，搞好班级管理，提高工作效率。

（黄正平，江苏第二师范学院研究员，江苏省教育学会班主任专业委员会副理事长）

5 班主任心理压力太大,怎么办

认知关键：改变视角，回归平衡心态

扶正失衡的天平

前几年，面对繁重的班主任工作，我总是不断地问自己：我该怎么办？我无法忍受孩子们的自私、冷漠、任性，我无法忍受家长的不理解，无法忍受平行班之间不公平的竞争，无法忍受领导们铺天盖地的工作任务……。这些，像一座座无形的大山，压得我喘不过气来。因此我变得越来越敏感多疑、喜怒无常，这不但直接影响我的班主任工作，也间接影响到了我的家庭。我也曾经尝试过一些减压的方法，如运动、唱歌等，但都收效甚微。

幸运的是，2014年9月，我和学校几位老师一起参加了教育局组织的心理咨询师培训。随着学习的不断深入，我找到了自己身上存在的一些问题，明白了自己所有压力都源于内心的失衡——班主任工作千头万绪，我虽然付出了很多的时间和精力，但却常常不受孩子拥护、家长认可、领导赏识，慢慢地，自己的心理平衡就被打破了，产生了很多消极情绪，并且这些消极情绪就如同不断累积的砝码，让心中的天平越来越失衡。

怎样才能扶正失衡的天平呢？我根据所学的心理学知识，尝试进行调整，转换视角来看待自己及班主任工作，从"我是一个被动的受害人"——整天高强度地工作，还不被家长、学生、领导理解，变成"我是某一个问题的形成者"——家长不理解我，一定是我在某些方面做得不好，我需要去沟通，去解决；学生不喜欢我，一定是我的工作方法还有待改进；领导不赏识我，一定是我做得还不够出色，不够优秀。这样换个角度看问题，摒弃"受害者"的角色定位，我就觉得自己一下子轻松多了。

因为改变了视角，我不再因为孩子调皮、不听话、冷漠、自私而不喜欢他们，而是主动查阅相关资料，积极参加班主任培训，不断提高自身的工作能力，并把一些先进的教育教学理念运用到班主任工作中。我尝试召开微班会，受到了孩子们的喜爱，也实实在在地解决了班级中存在的很多实际问题。由于社会和家庭原因，小学生也会存在不少心理问题，因此，我为孩子们开设了心理课和知心姐姐信箱，给他们排忧解难。渐渐地，我发现孩子们不再冷漠、自私，在课下还亲热地叫我"知心姐姐"，我也乐意和他们"打"成一片。

因为改变了视角，我不再因家长的不理解而耿耿于怀，而是心平气和地和他们沟通，听取他们对班级工作的意见，并不断地加以改进。家长们知道我学习了心理学相关知识后，有些家庭问题也愿意和我交流，我也乐意帮助他们。渐渐地，我和家长们也成了好朋友。

因为改变了视角，当年级比赛中出现不公平时，我也能一笑了之，和全班学生一起总结经验教训，继续努力。

因为改变了视角，领导分配的任务再多，我都能坦然接受……

我发现改变视角后，一切都变了，孩子们变得懂事了，家长们变得友善了，工作变得不那么令人厌倦了。由于改变了视角，我认识到了自己的很多不足，不再像以前那样，把所有的不平、不公都算到别人头上，而是不断地反省自身，充分认识自我、改造自我，努力提高生命品质，加强自身修养。在面对困难或挫折时也能更好地自我调节，在帮助别人的过程中更加体会到人生的价值和乐趣……

现在的我，消极情绪慢慢减少，心中的天平也逐渐恢复平衡，班主任工作对我而言，不是没有压力，而是压力刚刚好；不仅不会让我失眠、情绪不稳，反而不断促使我创造性地开展工作，让我拥有了作为班主任的幸福感！

（邵喜燕，山东省威海市文登区三里河小学）

解决根本：接纳焦虑，不断提升自我

案例

化压力为动力

李嘉诚有句名言：鸡蛋向内打破是食物，向外打破是生命。人生亦然，向内打破是压力，向外打破是成长。所以，面对压力，我们应该思考如何把向内打破的压力主动化解为向外打破的动力。刚带完2017届高三毕业班的我，幸福地经历了这一心路历程的转变，确实感受到了一种成长的愉悦。

每天叫醒我的不是闹钟，而是内心的焦虑

2016年9月1日，我接手高二理科实验（2）班。学校对该班提出了很高要求，对此我的内心喜忧参半，喜的是这个班的学生比较优秀，带得好的话将是我八年班主任经历中的一个里程碑；忧的是自己多年没当班主任，今年是重回班主任岗位的第二年，并且之前没带过实验班，对自己能否胜任实验班班主任缺乏足够的信心。开学后很快我又发现，本班学生偏科现象比较严重，是一个典型的重理轻文的班级，这真是一块硬骨头！除此之外，刚接班不久，我就接到好几位家长诸如"拜托、照顾"之类的电话，甚至有家长亲自到校拜访……

一想到学校和家长对本班学生期望值如此之高，我的头就快炸了，每天都感觉自己被压得喘不过气。开学足足一个月的时间里，每天清晨四五点左右我就会突然惊醒，然后躺在床上辗转反侧，学生、家长、常规管理、工作计划等，反复在脑海里翻滚。那一个月的每一天，对我来说都像世界末日……

再也不能这样过了，我要接纳内心的焦虑

就这样天昏地暗地度过了新学期的第一个月，国庆长假里我终于有机会陪女儿好好玩玩了。"妈妈，我终于看到你笑了，你之前总是皱着眉头。"五岁女儿的话突然惊醒了我，让我开始反省自己，对啊，为什么我做班主任这么累？

我尝试着静下心来，运用自己学到的一些积极心理学的理论，与内心那个焦虑的自己对话，努力正视和接纳自己，争取对内的和解与认同。我追问自己："这样的焦虑和心理压力有无存在的理由，有没有必要与之对抗？"我给出的回答是："不想当元帅的士兵不是好士兵，同理，不想带出好班级的班主任也不是好班主任。"通过这种追问，我忽然明白了，我根本没有必要与内心的焦虑对抗，因为它恰是我迫切追求优秀、卓越的一种心理反应，而我焦虑的根源也随之清晰：对优秀、卓越的迫切追求与对自身能力的怀疑之间所产生的矛盾。于是我知道接下来我要做的不是对抗压力，而是解决这个矛盾，思考自己能做什么，不能做什么。

认识到压力源头，那就从提升自我开始

我认识到，对自身能力的怀疑才导致自己对能否带领班级走向卓越而产生焦虑，因此我首先能做而且必须做的就是，提升自己在班级管理方面的理论素养并争取更多的实践平台，以提高班级管理的成效。于是，我欣然接受级长交给我的任务——上一节关于学习时间管理方面的校级班会课。虽然这个班级组建不到两个月，要承担校级班会课确实有难度，但只有这

样，我才有动力去阅读关于时间管理、学习管理方面的书籍。与此同时，主管德育的领导征询我的意见，问是否愿意参加班主任专业能力大赛，如果换作以前那个怕麻烦的我，肯定会一口回绝，但现在我已经清楚自己需要什么，于是我也爽快地答应了，因为这是一次绝好的锻炼能力和提升自我的机会。

在准备比赛的过程中，我阅读了一批相关书籍，对班级管理有了崭新的认识，真正认识到没有理论支撑、只靠老经验的班级管理是多么低效！最终，在荔湾区的班主任专业能力比赛中，我获得了高中组一等奖。这给了我莫大的鼓励和信心，原来自己"宝刀未老"，还有很多可以突破的地方！尽管后来在市级比赛中，由于种种原因我只得了三等奖，但这次历练让我看到了自己的实力，同时也明白了一个道理：我们要求学生成长，自己也必须和他们一起成长！只有不断成长，才能不断突破自我，而正是巨大的心理压力促成了我的初次成长。

别把所有问题都自己扛，众人拾柴火焰高

比赛的经历让我获得初次成长，使我重新审视自己班级管理中存在的问题：管得太多、太细，费力不讨好，这也是班主任心理压力过大的普遍原因之一。每个人都有自己的能力和精力边界，班主任不是超人，没有必要把所有问题都往自己身上扛，必须整合现有资源。于是，我决定整合科任教师、学生和家长资源，借助他们的力量共同建设"追求卓越的（2）班"。

针对科任教师，我落实学校倡导的"导师学习小组制度"，将我们班分为五个学习小组，分别由数学、英语、物理、化学和生物老师担任学习小组的导师，结合不同层次学生的情况，按"民主集中"的方式来安排导师，我则负责统一调配，跟踪目标学生，及时与科任教师交流情况，充当学生和科任教师互动的组织者与沟通者。这样一来，我们班的偏科问题有了相应的解决措施，大大减轻了我的心理压力和工作负担。针对学生，我贯彻

"首先让学生自己解决问题"的管理原则,因为高中生已经开始追求独立、自由,更相信同伴,也更在意同伴关系,因此在管理问题上,我学着适当放手,反而取得了令人惊喜的效果。针对家长资源,我在高二下学期伊始就成立了家长委员会,让家长委员组织家长们参与班级大型活动,了解我们班的班级文化,甚至参与班级管理。这样做既充分发挥家长的才智和资源优势,争取家长们的信任和配合,又能大大减少班主任和家长之间的摩擦——班主任与家长的矛盾也是造成班主任心理压力过大的重要原因。在高三备考过程中,正是家长的大力配合和支持给予了我莫大的安慰和力量,大大减轻了我的工作量。

感谢2016年9月那段无比煎熬的日子,正是这种煎熬迫使我正视压力,积极寻找解决问题的办法,不断提升自我,在各方合力之下,2017届的高三(2)班实现了追求卓越的目标。实现卓越的背后,留下了我背负压力一步步成长的足迹,这些足迹将是我班主任生涯里最美的回忆……

(林蕴瑜,广东省广州市荔湾区真光中学)

实用方法:分清界限,提高办事效率

树立"边界意识",消减心理压力

在当今教育生态下,班主任面临着多重压力,我也曾因为心理压力大导致身心疲惫,出现明显的职业倦怠,差点离开班主任队伍,后来通过学习积极改变策略,不断改变认知、调整行为,尤其在时间、角色、能力三个层面给自己设立"边界",有效减轻了自己的心理压力,班主任工作也变得得心应手了。下面我分享自己的一些做法，希望对一线班主任有所启发。

树立"时间边界"意识，"闲适"让人心安

根据相关调查，班主任工作时间太长是导致其心理压力过大的首要原因。而班主任工作时间之所以太长，除了工作任务重、需要处理的事务太多之外，还有一个重要原因就是工作时间没有分界：随着电话、微信等即时通信手段的普及，班主任上班忙着教学及班级管理等实务，下班则忙于回复家长各种信息，依然在处理班级各种问题——下班而不"下岗"。这种"一对多"、个体对群体的回应模式在方便家校共育的同时，也极大地消耗着班主任的时间和精力。如果班主任总是处在紧张的情境之中，不良情绪总是得不到缓解，心理压力自然不断加重。

要解决这个问题，班主任自己要树立"时间边界"意识。我的做法是首先，厘清工作时间和休息时间的边界，遵循"专时处理专务"的原则，将工作时间细分为教学时间和班级管理时间，在各个工作时段内尽量排除干扰，高效率完成工作。其次，我会在开学初就告知所有家长我的工作时间安排，如什么时候方便联系，什么时候可以打电话，什么时候可以用文字沟通，什么时候需要留言等。在方便沟通的同时，使自己不至于时时被各种电话或消息"骚扰"而降低工作效率，也不担心家长因联系不到自己而焦虑。再次，我会设立在校时间与在家时间的边界，让自己实现"工作模式"和"休息模式"的切换，以保证自己能在家的清静与温暖中放松下来，更好地体验心灵的闲适与充盈，从而释放压力，修复身心。

树立"角色边界"意识，"和谐"让人心美

角色不清是导致班主任心理压力大的另外一个原因，主要表现在班主任与学生、家长、科任教师之间角色错位或者关系失当。如果班主任不能明晰各方边界，将学生、家长、科任教师的职责"错误"划入自己的"势

力范围"，往往就会影响学生自我教育的开展、家校合力的汇聚以及科任教师作用的发挥。更严重的是，班级关系错位和失衡还会影响班级发展和目标达成，从而导致班主任心理压力增大。

我的做法如下：首先，明晰班主任的权责边界，弄清楚自己可以为学生、家长、科任教师做什么——学生能做的班主任绝不替代，科任教师可以发挥作用的要积极鼓励，需要家长协助的绝不"客气"；其次，我会分析我与班级学生、家长、科任教师的关系状态，努力平衡三者之间的关系，让班级人际关系处在正常"轨道"；再次，我会思考，我能为学生、家长、科任教师做些什么，才能更好地服务他们，促进班级发展。心理学研究显示，人与人之间的首要问题就是建立合适的关系，清晰的角色边界有助于建立班级和谐的人际关系，有助于班级良性发展，体现教育的和谐之美。

树立"能力边界"意识，"达成"让人快乐

设定的预期目标一次次落空，在实践中不断遭受挫折，这是班主任产生心理压力的又一原因。目标是引领班级发展的第一要务，若班主任对当下自身能力估计失当，设立的目标过高，就容易产生挫败感，如果这种负性事件频繁出现，就会不断增加班主任内心的无力感。长此以往，班主任心理压力越来越大，不仅影响班级发展，还会影响自我效能感，对身心健康不利。

我的做法是首先改变认知，告诉自己班级发展有自身的规律，班主任要根据班级实际情况，根据"最近发展区"原理，把近期目标与远期目标、个别目标和整体目标、个人目标和班级目标相结合，制定"跳一跳"够得着、阶梯型班级发展目标。其次，我们还要善于"借力"——向学生借力，让他们自己管理自己；向家长、科任教师借力，让他们积极介入班级事务，以弥补班主任的短板；向有经验的班主任、专家学者借力，把自己的感性经验转化为理性认知，增强工作的主动性。

基于自身能力、班级实际情况而设立的目标往往更容易达成，而不断

实现的"小目标"能让班主任时时体验到成就感,这种自我满足正是缓解心理压力的一剂良药。

(王霞,广东省湛江市赤坎区湛江一中培才学校)

给自己列一张清单

以前,我一接到学校诸如开家长会之类的通知就紧张、焦虑、抱怨,感觉"压力山大"。而且那时的压力是一重接一重的,有来自学校的压力,也有来自同事的压力,还有来自学生、家长的压力……,压力大得常常令我吃不下饭、睡不着觉。

最初几年的班主任生涯就是在各种压力的折磨下过来的,那时家人、朋友都用各种方式为我解压:读"鸡汤"、听音乐、去旅游……,但我发现那些都只能让人得到暂时的放松,治标不治本。工作生涯还有很长时间,我不能就这样战战兢兢、焦虑忧愁地过一辈子,我必须自己拯救自己!于是我先静下心来梳理究竟都有哪些压力,我把这些压力一个一个地写在纸上,然后认真仔细地审视这些压力,思考它们的共性是什么。最后我得出一点:每个压力背后的潜台词其实都是怕自己做不好,怕自己不够优秀。

原来如此!

既然压力主要是担心自己做不好,那假如我能把工作做得好一点,压力不就会小一些吗?所以我只需要考虑如何把事情做好一点、再做好一点就够了。这样我就得改变自己。怎么改变?我突然想到,何不借鉴列举压力的办法,给自己列一张工作清单呢?这样可以让自己每天的工作变得有条有理。

于是,每天晚上睡觉前,我由原来随意浏览朋友圈、手机资讯,改为先将第二天的工作列一张清单,然后反思今天的工作哪些做得比较好、哪些还需要改进。清单一列出来,我就清楚地认识到:每天早起到校上课、备课、批作业,这是工作常态,不只班主任做这些事情,每个老师理所应当都要完成这些事情,除此以外的才属于班主任工作。认识到这一点,我突然就感觉轻松了许多,工作量并没有变,可是头绪清晰了,就好像工作一下子少了很多。

接着,我开始反思当天的常态工作中的哪些地方有欠缺,需要第二天补救——作为班主任,我首先得把自己所教学科的课上好,才能让学生信服,也才能更好地开展工作。我还会反思当天的班级工作中哪些地方做得好,可以保持;哪些地方做得不好,需要调整;哪些是第二天必做的工作;哪些是有空闲时间可以提前开展的工作;哪些事情必须亲力亲为,哪些可以交给学生,指导他们去完成;哪些是需要和学校领导或科任教师沟通的……

我把这些内容一一记录在便笺里,对于特别重要的事情,我还会在手机闹铃里备注,以便一睁开眼睛就知道今天我必须做的事是什么,不至于忘掉重要事情,使自己手忙脚乱。另外,对于清单上完成得特别好的工作,我会把今后可以用的材料分类保留下来,比如一些优秀的教案、课件、试题、计划、总结、班级活动方案等,这样,今后遇到类似的工作就可以借鉴,从而节约很多时间,不必什么都从头来做。

有了这张清单,每天烦琐的事情突然变得条理清晰起来,工作效率也高多了。我让学生也按照这种方法规划班级事务、管理个人事务,效果也很明显。这样一来,班级纪律慢慢好起来,学生的学习效率高起来,我也就不用那么担心了。

就这样,我每天井然有序地完成清单上的工作,不再手忙脚乱,看着清单上一个个代表"已完成"的对号,我还会产生一种成就感、价值感——其实这本身就是对自己的一种认可。而且不管最终结果如何,别人的评价和看法都不重要了,我自己也释然很多,毕竟我已经尽力了。

如此一来,自然就有了一些空暇时间,这时我又给自己列出一张提升个人能力的学习清单：读书，写文章，听讲座，陪家人……，既可以更好地提升自己，让自己更优秀，同时也便于处理好各种关系，使下一步工作做得更好，真正从根源上解决了一系列的压力问题。

如今，当我再面对工作群里接二连三的工作通知时，我已经能心平气和地回复"收到"二字，然后平静地思考完成任务的方法。因为清单上已经有过不止一次这样的任务了，我相信我能够在规定时间内顺利完成并尽量做好。

自信来自努力——每一张清单都记录着我的努力，每一张清单都记录着我成长的故事，每一张清单都是一份带着汗水和笑容的记忆。清单厚实起来，人生经验也厚实起来，压力依然存在，但却在慢慢淡化，淡化到你可以接受的范围。最终你会发现你居然可以平静地接受学生偶尔考得不好，能够笑着面对别人的指责，能够不知不觉地爱上班主任这个职业！给自己列一张清单，珍藏你的"压力"吧！

（李兰兰，山东省济宁市汶上县第一实验中学）

释压途径：身心兼顾，适当转移注意

晒晒我的减压"标配"

最近身心的各种表现告诉我，长期以来早五点晚十点的超负荷工作已成为我不能承受之重，因此我不得不下决心改变，动手给自己制定了一份身心理疗方案，并付诸实际行动，竟取得了意外的效果。

循序渐进，大家一起做运动

鉴于自己已年近半百，于是在运动方面，我选择了这几年比较流行的"万步健走"。我充分利用上下班途中、课间、饭后来完成"每日健走一万步"的目标。

安步当车，加入"走班族"之后，首先在步幅、步频和时长上，我设置的门槛较低——"三点儿"原则：步子小一点儿，速度慢一点儿，时间短一点儿。以不喘大气、不心慌、微微出汗为准。十五天以后，我稍稍加大步幅，加快步频，并增加锻炼时长，以自己不感觉疲劳为准。一个月以后，我再次加大步幅，加快步频，并增加锻炼时长，此时才开始体会到运动后的神清气爽。

同时，即使在课堂上，我也力求比以往多走动，既锻炼了身体，又增加了对学生的关注度，还提高了学生投入课堂学习的自我约束能力。走起来以后，我的大课间也随之一变，再也不是一动不动站在操场上监督学生做操跑步了，而是跟在学生队伍后面做操。跑步跟不上，没关系，他们在跑道上跑大圈，我在足球场里随着他们的队列跑小圈，先是一圈，再是两圈，完整跟上三圈用了我整整两个月的时间！学生对这种师生课间同练感觉新鲜有趣，我告诉孩子们："我们一起做运动！"

在我的影响下，同事们也纷纷效仿，课间、课后，他们有的健走，有的跑步，还逐渐懂得了运动之前怎样热身，运动之后怎样拉伸，欢声笑语时时回荡在红绿相间的操场上。以前老师们常挂在嘴边的"这节课真累啊，快坐下歇会儿"被"走，去操场"所代替；头晕目眩被神清气爽所代替；焦头烂额的一天被充实快乐的一天所代替……

后来，我又开始练习瑜伽和乒乓球——基本都是选择适合中老年人的运动。在这些运动中，我释放了压力，收获了轻松，愉悦了身心。这就是我的减压标配之首——运动健身。

心灵放松，听歌赏曲在夜半

鉴于自己睡眠质量较差，我给自己网购了一台小巧的音箱，放在床头，睡前打开，让自己在喜爱的歌声、乐曲里放空自己，放下工作，放下万千思虑。一颗心只跟随音乐的节拍，想象自己是在大自然的怀抱里，悠闲地漫步、快乐地徜徉；想象自己是天空的风、山间的晨霭夕岚、枝头的鸟儿。我经常收录播放的曲子，既有曲风清新自然、让人陶醉的流行歌曲，也有风格幽婉深邃、韵味悠长的民族传统音乐。就这样，原来躺在床上"烙饼"的我被柔和舒服的旋律包围，疲惫感、沉重感消失殆尽，音乐为我负重阴郁的心打开了一扇轻快明媚的窗，一夜安眠不再是奢望。这就是我的减压标配之二——音乐养心！

精神按摩，见缝插针读几页

很长一段时间，我都认为工作填满了我在校的全部时间，根本没有闲暇读书。如今，我在运动和音乐中也获得了充实和快乐，但总感觉还不圆满，于是，我又拾起自己从前的习惯——阅读。

我的阅读范围很广，专业与非专业均有所涉及：专业类我重新打开《给教师的建议》，边读边做批注，忘记了就再重新回头读；学校订阅的《班主任》《语文教学通讯》是我的案头必备，它们时时指导我的教育教学工作；《读者》《青年文摘》和我钟爱的小说、散文则盛放下内心深处那个浪漫的我、生活的我。

不必多，不必快，忙里偷闲，见缝插针，晨起睡前、饭前课后、阅读课上，每日多则十页，少则一两页，半年下来，书橱里满满的两列书被我翻了个遍！阅读——按摩、消散心中的重压与块垒，抚慰、滋润精神与思想，堪称我减压标配中的灵魂"构件"。

这就是我的减压标配：生理标配——运动健身，心灵标配——音乐养心，精神标配——读书怡情，三者相辅相成，让我彻底摆脱了各种压力包袱，重新回到健康快乐的育人坦途。

（刘世荣，河北省沧州市新华区教育局；徐红霞，河北省沧州市第九中学）

用"对话"合理解压

作为一个班级的管理者、领导者，班主任面临着来自方方面面的压力，如何有效地缓解压力，以一种更积极的姿态投入教育教学活动呢？我做了以下探索。

"写日记"——与自我进行对话

对于日常生活中发生的一些事情，如果因为当时没有冷静处理而导致自己产生了消极情绪，这时，我们就可以静下心把这件事记录下来。我一般都选择晚上放学回家后进行这一项工作，既是对一天工作的总结，也能够从中吸取经验教训，同时也赶走了压力，心情更加明朗。

记得暑假的一天，一位家长在电话里用质问的口气对我说："老师，你知不知道你们班有人抽电子烟？"然后，他非常不客气地说了一堆类似"这样的学生会把我家孩子带坏"的话语。我尽量平静地表示我一定会把这件事调查清楚，但其实当时的我心里非常气愤，觉得家长这样跟我说话，非常不尊重我。

之后，我调查了部分老师和学生，得知了事情原委：我外出学习时，一名男生不知从哪里弄来了一个类似玩具的"烟"抽着玩——其实里面都是糖果。科任老师及时制止了他，后来再也没有出现这种现象。这件事虽然没有造成什么消极影响，但确实暴露出我工作中存在失误——外出学习完回到学校后，作为班主任，我没有及时了解班里过去几天的情况。

我打电话跟那位家长说明了情况，家长也真诚地向我道歉，这件事告一段落。但我并没有就此打住，而是利用工作之余写了一篇日记——《一个家长的质问电话引起的思考》。我在写日记时没有单纯地停留在自己的情绪中，为自己找诸多借口，而是在记叙这件事的同时，有效排遣消极情绪，冷静地审视整个事件的经过，从而发现自身的不足，以更好地开展班主任工作。最后，不仅我对那位家长的愤怒完全消解，而且很感谢他的那个电话，让我从中认识到自己的不足，从而进一步提高班主任工作的水平。

"读好书"——与书籍进行对话

有时候，班级琐事太多，面对各种事件，班主任往往分身乏术，还可能会有一些小小的不愉快，怎么办呢？我坚信每一天的生活都是一种历险，我们所经历的每一件事，都有其特殊含义。如果暂时解决不了，可以记录下来，我相信方法总比困难多。

此外，我常在包里、案头、枕边放一本书，有空就拿出来读一读，去体验别人生活的不同滋味。比如看了《我与地坛》，知道了史铁生的艰难与坚韧，就感觉自己当班主任遇到的那些事，跟他的比起来根本就不算事儿；看了《正面管教》，了解了自己在与学生们进行沟通时心态不够平和，知道了"问题儿童"的出现是因为缺少爱，于是，再面对学生时，我就会尽量调整心态，多给学生一些关爱；看了《班主任》杂志，知道了原来说服教育并不是任何时候都奏效的，自己过去很多看法都是片面的甚至是错误的，原来自己遇到的那些事儿还可以有另外一种解决方案，更发现了原来老师还可以这样做……。每当这时，那些压力就会逐渐变小，而一些解决不了的问题，也偶尔会在书中找到答案，让自己豁然开朗，一片澄明。

"观美景"——与自然进行对话

班主任工作很忙,但是我们有周末和假期,可以在不堪重压的时候,适当地来个小小的旅行,放飞心情,在大自然中陶冶情操,培养良好的心境。在辽阔的大海边,呼吸着清新的海风,看太阳慢慢升起,你会感受到生命的勃勃生机,同时心胸也开阔了不少;偶尔看看城市里璀璨的夜景,你会感受到祖国的繁荣与昌盛;游走于各种奇山秀水之间,你会感受到自然之力的伟大……。所谓见多识广,随着阅历的逐渐丰富,在对待工作时,我们的心境也会更加平和、更加宁静,心态也更圆融通透,会给学生一种积极的影响。

相信各位班主任只要正确地看待压力,灵活地解压,有一颗热爱学生的心,有一种不断学习的精神,常反思,常改进,一定会将压力转变为动力,把班级工作做得更加出色。

(田聪聪,山东省威海市文登区柳林小学)

难以承受之重:破解班主任的心理压力

教师是高压力职业已成为当前教育界的共识,而班主任承受的压力尤其巨大。过高的工作负荷,甚至超过了许多班主任的心理底线,用"难以承受之重"来形容并不为过。作为学校工作的中坚力量,班主任承载着来自学校、家庭、社会等方面的多重期望,背负着学生成长、自身发展、学校提升、社会进步等多方重任。正如有些教师朋友所感慨的那样:现在的老师真难当！每天不仅有繁重的教学任务、教改实践，还要参加书法、英语、计算机等各种考试。老师不仅要教书育人，还必须是书法家、电脑工程师、演讲家！还有层出不穷的新花样疲于应付，一会儿是微课，一会儿是慕课，一会儿又是翻转课堂。如果是班主任，不仅要完成学校安排的各项工作，更要处理班上的各类偶发事件。除此以外，家长天天看着你，媒体天天盯着你，学生天天气着你，成绩单天天催着你，甚至还有电子监控在窥视着你……，来自社会、学校、家长、学生的诸多压力，使班主任的心理空间被严重挤压，班主任常常惶恐不安、心绪不宁，很小的一件事就可能引发其强烈的情绪反应，甚至导致其行为失常，出现心理健康问题。因此我们在呼吁为学生减负的同时，是否也需要为班主任减负？否则班主任真会成为无人愿意从事的"高危职业"。

如何破解班主任的心理压力？如何帮助班主任重燃教育活力？不可否认，班主任心理压力的调控是一项系统工程，需要社会、学校和教师本人三者通力配合。在社会层面，需要制定各种政策法规来提高班主任的社会地位，加大教育投入，为班主任的工作提供必要的支持和保障，形成有效的社会支持网络；形成尊师重教的社会风气，给班主任以必要的人文关怀和适度的社会期望；同时社会也应承担起维护校园安全，为学生提供一个安全、健康的社会环境的责任。与此同时，家长也要承担起应负的责任，也要对班主任给予必要的理解与支持，避免只养不教，把教育孩子的工作全推给班主任。在学校层面，学校应人性化地对待班主任，了解班主任各自的能力和工作情况，公平对待每一个人；应及时、适当地给班主任的工作以鼓励和肯定，不断提高班主任的角色认知水平；应关心和正确对待班主任的心理冲突、心理矛盾，帮助其分析冲突原因，消除心理阴影；增加师生交流的机会，使班主任得到更多直接来自教育过程的内在奖励；给予班主任更多的自主权；学校的组织管理要使班主任有获得社会支持的心理感受。社会和学校是调控班主任心理压力的外部原因，而班主任的个人因素则是调控心理压力的内部原因，应重点从班主任个人因素入手，通过掌握自我心理调适的方法来促进自身心理成长。

认识压力是调控压力的前提

压力一词最初是物理学概念。1932年，美国生理学家沃尔特·B.坎农（Walter B. Cannon）将压力引入生理学领域，将其定义为"斗争和逃避综合征"。之后，他的学生汉斯·塞利（Hans Selye）把压力引入医学领域，将压力看作身体为满足需要而产生的一种非特定性反应。一般情况下，人们常常从三个方面去认识压力：压力源、压力感、压力反应。

1. 压力是引起人紧张的事件

有的人倾向于将压力看作引起人紧张的事件，即压力的来源，简称"压力源"。这些事件可能真实存在，也可能是自己想象出来的，如工作任务的最后期限迫在眉睫、某个学生误解了自己、与同事关系紧张、即将到来的年级考核、想象自己被校长批评等，这些事件可能让人感到窒息、紧张，都属于压力源。可以说让人感到紧张的压力源是无法计数的，有的是工作中的，有的是家庭生活中的，也有的是社会事件，比如社会变化、教育改革等。对班主任而言，压力源更是汹涌而来，让人无处遁形。

2. 压力是人的一种主观感受

有的人认为压力是一种主观感受，简称"压力感"，是人对压力源的体验、解释与评价。压力源是客观存在的，但是压力感却是每个人内心的感受和想法。同样一件令人感到紧张的事件，如面对学生顶撞老师这件事，有的老师会暴跳如雷、怒气冲天，有的老师则会平静如常、巧妙应对，两位老师所体验到的压力截然不同。压力感实际上就是心理压力，它是压力事件引发出的心理感受，是对压力程度和性质认知评估的结果。前一位老师可能认为学生顶撞老师这件事很严重、性质很恶劣，就会感受到很大的心理压力；后一位老师可能觉得青少年处在叛逆期，反抗权威是这一阶段的正常表现，因此就不会产生过大的心理压力。

3. 压力是人表现出的身心反应

有的人把压力看作人身体、心理发生的变化，即当人面对压力源时的身心反应，包括心理唤醒和生理唤醒两个方面。心理唤醒的压力反应，会表现出一种心理紧张状态，这时会感到害怕、紧张、焦虑，也会感到烦躁、忧郁及一丝丝的恐惧和担忧等；作为生理唤醒的压力反应，会感到心跳加速、呼吸短促、身体僵硬、浑身发冷、手心出汗等。

实际上，压力是包括上述三个方面的一个完整过程：首先，压力事件作为压力源，会直接作用于人。其次，人会对这些事件进行评价，有的人把压力事件看作挑战，有的人认为很糟糕，而有的人可能对此并不在意；压力事件经过解释和评价后产生压力感。再次，压力感又会引起人身体和情绪上的一些变化，不同的感受和看法所引起的变化是不一样的。对压力产生过程的认识，为帮助班主任调控心理压力提供了理论基础。既然心理压力是人的一种主观感受，由压力源引发，又会带来身心反应，那么，我们既可以通过应对压力源来调控心理压力，也可以通过调整身心反应来调控心理压力，前者称之为"原因调控"，后者称之为"结果调控"。

运用"原因调控"缓解心理压力

"原因调控"相当于中医的方法，即对压力源（引起压力的原因）进行加工和调整。2008年，我们曾对八名中小学班主任进行了访谈，结果表明：班主任的压力源主要来自个人与职业发展方面、工作任务方面和社会方面。个人与职业发展方面的压力源包括：个人责任感、职称晋升问题、不合理的日常考核、课程改革的压力等。工作任务方面的压力源包括：考试升学压力、工作负担过重、应付各类检查考评、学生成绩难尽如人意以及学生难以管教等。社会方面的压力源包括：社会的高期待与教师地位难以体现间的矛盾、工资待遇低、与学校领导关系不和谐、同事间竞争激烈、家长不支持教师工作等。有效应对这些压力源，需要班主任从以下方面主动调控自己。

1. 主动适应环境，采取积极的认知方式

一个人的心理压力，常常不是源于事件，而是源于自己不合理的认知方式，与其说是某种事件引起了心理压力，不如说是由于自己的认知偏差而产生了心理压力。因此，班主任需要学会找出自己头脑中不合理的认知方式，并建立较为现实、积极的认知方式，以此调节自己的心理压力。例如，"过分概括化"就是一种不合理的认知方式。过分概括化，一方面表现为对自身的不合理评价，如一次失败就认为自己"一无是处""一钱不值"，以一件事情的结果来评价自己整个人的价值，其结果往往会导致出现高心理压力；另一个方面也会表现为对他人的不合理评价，如学生稍有过失就认为其一无可取，不自觉地放大了学生管理的难度，也会导致出现高心理压力。班主任需要认识到，任何事情都有两面性，积极的认知就是在看到事物不利方面的同时，更能看到有利的方面，学会全面、客观地看问题，正确地认识和评价自己，通过改变自我，以形成正确的自我观念。

2. 合理安排时间，提高时间管理技能

教师职业的工作负担是比较重的，但班主任可以从时间管理技能的提高中受益。每个人都拥有相同的时间，可是有很多人完成了数目可观的工作，却没有被压力击垮。他们的秘诀是有效利用时间。时间管理的步骤包括时间分析、目标设定、按优先顺序排列目标、授权和行动。常用的时间管理策略有：（1）安排固定项目所需要的时间；（2）根据自己的生物钟安排时间，把重要任务安排在效率高、干扰少的时间段；（3）把较大的任务分割成易于控制的小块，使它易于管理，然后相应地安排时间；（4）充分利用零碎时间，做一些易于完成的小事情；（5）为每件事情设定明确的起止时间，防止项目之间互相干扰；（6）留出休息和娱乐时间，以使自己保持良好的状态和愉快的心情；（7）留出机动时间，不要把所有时间都填满。

3. 提高社交技能，优化人际交往环境

很多班主任的心理压力常常源于人际关系问题，如学生纪律问题、家长配合问题、社会人际交往问题等,在这些关系里班主任常会因沟通不利而导致人际冲突,从而产生较高的心理压力。因此,提高自身社交技能,也是班主任调控心理压力的一种有效途径。一个最简单的人际交往技能是倾听。尽管一些班主任始终在这样教育学生,但自己却常常忘记这样做——停下你正在做的事,看向这个人,思考他所说的话,问一些问题以确保自己完全理解他的话。当班主任与学生说话时,需要积极主动地倾听,像对待成年人那样给予同样多的注意力。要保持班主任与家长之间的良好关系,倾听也是一个重要因素。家长有信息、想法和感受需要分享,如果班主任没有倾听,家长就会觉得他们的信息、想法和感受是没有价值的。那些积极倾听学生和家长的班主任可以在很大程度上避免产生心理压力。

4.优化班级管理,提升自身管理效能

那些使用惩戒手段、停留于传统教育方法的班主任,常常是心理压力较大的群体。尽管许多班主任能够掌握有效的人际交往技能,但仍在激励学生发展方面遇到了困难,这就需要班主任进一步掌握班级管理技能。班级中发生的事件,常常具有突发性、多端性等特点,具有高度的不可预测性。突发事件会使班主任应对失当、反应过激,如对学生行为做出过激反应,大加训斥,"翻皇历",唠叨不休等,这种失当的管理方法往往会激化矛盾,使个别学生的问题行为扩散开来。还有些班主任过于相信惩罚的效力,常常不分青红皂白地运用各种手段对学生进行惩罚。研究发现,滥用惩罚手段特别是体罚或变相体罚学生,不仅不能很好地维持课堂秩序,还会大大降低教师的威信,甚至引起学生对教师的怨恨情绪,诱发学生攻击性的课堂问题行为,形成恶性循环,使教师产生无力感,进而加大心理压力。

三 运用"结果调控"缓解心理压力

"结果调控"相当于西医的方法,即对压力反应(压力表现出的结果)进行加工和调整。因为心理压力会直接带来紧张、焦虑等情绪反应,也会

导致出现深度疲劳、失眠、头痛、消化不良、背痛等生理反应。因此，建议班主任可以通过参加文体活动、听音乐、散步、进行放松训练、找朋友倾诉等方法，减轻心理压力所带来的身心反应。

1. 放松训练法

当受心理压力困扰出现身心症状时，可以按照下列步骤放松自己：（1）用舒服的姿势，坐在椅子上；（2）把双足自然放在地上，但不要紧张用力地踩地板；（3）让眼睑自然而柔和地放下来，这样才能让眼睛轻松地合着；（4）头略微向前垂；（5）放松脖颈部的肌肉；（6）放松口部肌肉；（7）放松脸部和额部肌肉；（8）把双手放在双膝上，但不要用力；（9）放松十指；（10）坐在椅子上进入幻想世界，可以幻想你在温暖的春天，静坐在水平如镜、碧波不兴的湖边。青翠的树林，鲜艳的花朵，嫩绿的小草……，除了小鸟清脆的叫声，周围静悄悄的，你安静地欣赏大自然的美景，心旷神怡。通过反复运用放松训练，可以渐渐消除精神上的紧张，使全身得到放松和休息，也能消除压力所带来的生理症状。

2. 学习转移法

学习是一件快乐的事，可摆脱烦恼，忘记忧愁。读书不仅意味着获取人类积累的知识和经验，还可以放松心情，平复压力，促进自身专业发展和心理健康。班主任需要不断学习，从中享受读书的无限乐趣，冲淡工作中的烦恼，缓释竞争压力。深邃的哲理、专业的理论、教育的信息，带来的不仅是心灵安宁和底蕴变化，更带来工作和生活的无限生机与魅力。

3. 自我剖析法

为了减轻心理压力造成的紧张感，班主任也可以用自问自答的方式和自己交谈："究竟是什么问题在困扰着我？出现这些问题的原因何在？有哪些可行的方法能帮助我解决这个问题？什么是解决这个问题的最好方法？"通过这种简单而理智的分析，班主任会更容易也更快地摆脱紧张情绪，从而缓解自身的心理压力。

4. 合理宣泄法

该方法是指在适当场合，采取适当方法，排解心中的不良情绪。因为过分压抑情绪，往往会使情绪困扰进一步加重，既不利于身心健康，也会带来更大的心理压力。因此，通过合理宣泄，可以使不良情绪释放出来，使紧张情绪得到放松、缓和。但宣泄要有节制，不能肆无忌惮，应注意方式、时间和场合，尽量不影响他人的学习和工作。

5. 自然调节法

投身到大自然之中，通过亲近自然和锻炼身体来缓解心理压力。英国埃塞克斯大学的研究者进行了一项研究，他们将受访者分成两组，一组在林荫道上走，一组一直待在室内。结果显示，前者中有90%的人觉得信心大增、压力缓解；后者中只有22%的人觉得压力减小，50%的人感觉压力更大。因此专家建议，在新工作即将开始的清晨，抽出一点时间亲近自然，就是在有意放慢生活节奏，让人摆脱前一天的压力，从而轻松自在地投入新工作。尤其是在晨光普照的清晨，阳光照射可以抑制体内褪黑素的产生，从而加速新陈代谢，再加上满眼绿色，就犹如注入了天然的减压"兴奋剂"。另外，人们现在也逐渐认识到，锻炼身体不仅是一种健康的生活方式，也是一种有效的减压方式，那些制定了时间表进行有规律锻炼的班主任，会发现自己的健康状况得到改善，紧绷的神经松弛下来了，具有了更多的能量。

（刘晓明，东北师范大学心理健康教育研究中心教授）

6

班主任总忍不住对学生发火，怎么办?

识"火"：发火绝非最佳教育方式

总有一种方法比发火更有效

"出去！我已经对你忍无可忍了！"

"给你家长打电话，让他把你领回去，你已经无药可救了！"

"站好！叫我看看你有多厉害……，这两下是对你所做'好事'的'回报'！"

……

面对那些难管学生和棘手问题，情绪波动是人的正常反应，当这种不良情绪被叠加放大之后，以发火的形式爆发也在情理之中。但必须承认，当处于情绪激动的怒气之中时，我们的言行都是缺乏理性的，而在这种缺乏理性，甚至有些失控的情绪支配下对"问题学生"进行武断处理的话，除了对学生有一种肤浅的威严震慑之外，教育功效是微乎其微的。

怒气冲冲之下，我们做出的惩罚措施多是消极的，发泄的动机往往大于教育的成分，而当学生敏感地捕捉到教师这种心理动机时，自然会在自我屏蔽中进行消极的抵抗。这种抵抗在不同的人身上呈现出不同的映射方式：内向点儿的学生，会用冷漠应对，或者从此与你行同路人，或者从此不再学习你所教的学科；而那些外向的学生，会用更多的问题和事端来挑战你下一次的忍耐极限。无论是哪一种反抗，你都要在接下来的日子里为你的发火而承受或明或暗的"后遗症"。

　　教师和普通人最大的区别,不仅在于我们具备更多教书所需的知识储备,更重要的是我们具有更多育人的方法和策略,这些策略关键时候就体现在如何面对那些可能惹人发火的场景中。

　　盛怒之下学会镇定,在理智与野性博弈的过程中找到一种比发火更有效的方法才是聪明人的最佳选择。首先,我们不能因为学生的错误而惩罚自己。学生最多只能跟我们三年或六年,而我们从教的生涯却可能是一辈子。镇定地看待学生的问题,舒缓激动的情绪才能享受到幸福健康的教育心情。其次,我们不能让学生在老师的盛怒之下找到抵消罪恶感的平衡。当学生带着犯错的罪恶感站在老师面前时,我们的怒火很大程度上会让那种罪恶感得到消解,"被老师骂一顿就没事了"的惯性思维往往会成为"问题学生"逃避责任的法宝。而冷处理,则可能让学生在深度的反思中寻找到更多改正与弥补过失的契合点。再次,对棘手问题的理性思考和智慧处理,才真正能够体现教师的能力。这种智慧处理不仅能教育学生,还能拉近师生关系,更重要的是可以提升自我的教育能力,开发别人忽略的教育资源。

　　真正的文明是远离粗暴与野性,真正的成熟是能够在盛怒之下学会镇定。而信奉"身教胜于言教"的师者,更应该在文明修养上为学生做好表率。动不动就怒形于色,会为学生所不屑;动不动就粗言相向,会为学生所不齿。面对问题,让我们多一些智慧的思考,少一些粗暴的发泄,因为总有一种方法比发火更有效。

(鲁晓玉,河南省濮阳杂技艺术学校)

用好几种"灭火器"
——怒火来袭,及时自我调整

 案例

让怒火飞一会儿

晚自习时,因来班级宣讲的学生干部连喊小朋几声都没得到回应,入学以来就与同学格格不入的小朋引起了同学们的不满,小浩就是其中的"激进分子"。在小朋经过他面前时,他竟然挪动桌子故意挡住小朋的去路,在我看来这是明摆着欺负人!于是晚自习后我把小浩叫到办公室进行教育。但小浩压根儿就不拿这事儿当回事,他觉得小朋行为过分,他是"替天行道"。看得出,小浩对小朋有很大成见。为了让小浩从心里接纳小朋,我让他回教室写一份承诺书:一周内找到小朋三个优点来向我汇报。他很勉强地答应了。结果我等了半个小时也没等到他来,一问才知他早已回宿舍了。我托同学捎口信给他,没来;打他电话,关机。当时,我的火"噌噌"地直往上冒。这个小浩,摆明在玩对抗!也太不把我这个班主任当回事了!

回家时路过男生宿舍,我看到了四楼小浩宿舍的灯光。当时我真想冲上去,将小浩痛骂一顿。但理智及过往的经验告诉我:发火很容易,后果很严重!

在对学生发火问题上,我是有过深刻教训的!在从教十多年的经历中,我对学生发过很多次火。结果发现,发火不但教育不了学生,而且会起很大的反作用,甚至让自己下不了台。闹得最大的一次是学生将我告到教育局，理由是"阳老师用蔑视的眼神看了我"；最刻骨铭心的一次是，因为对篮球队一个主力发火，十几个人高马大的篮球队队员冲到办公室将我团团围住。我至今仍心有余悸地记得自己是如何惊慌失措地从办公室"突围"，奔到学生处搬救兵的！

发火让我狼狈不堪，尊严全无。从那以后，我慎重对学生发火。小浩今晚连续地不配合，虽然让我心里非常窝火，感觉尊严受到了严重挑战！但我明白，把小浩骂一顿，除了让他怨恨我以外起不到任何教育效果。而且冲突过后今晚两人都会彻夜难眠，明天一天的学习与工作都将大受影响。我自嘲道：看来，我又要启用"老办法"——让怒火飞一会儿了！

"让怒火飞一会儿"是我从"实战"中总结出来的有效方法，即当自己有怒火时，不急着处理问题，不让怒火"污染"学生，而是将怒火暂时搁置在那儿，给自己，同时也给学生一点冷静的时间，待双方都平静下来后再心平气和地解决问题。

果然，一觉醒来，我对小浩的怒火已经消失得七七八八了。我们的谈话进行得很轻松，问题解决得也极顺利。小浩解释说，因为觉得自己找不到小朋的优点，完不成我交给的任务，所以不敢面对我。当他听说我昨晚等到近10点时，他很不好意思，连连道歉，表示一定完成任务。

心理学家认为，人与人之间的沟通，主要是情绪沟通。教师尤其是班主任，要想与学生通过有效沟通达到满意的教育效果，首先就要在情绪上与学生有良好的互动。诚然，要实现这一点，前提是教师必须处理好自己的情绪。

而要处理好自己的情绪并不是一蹴而就的事情。除了不断在实践中总结经验教训外，我还看了大量关于情绪处理的书。通过学习我认识到，当我们想发火时，其实是那个人或那个事件触动了我们内心某个伤口，对方只是一个导火索，炸弹（根源）却在自己身上。因此，要从根上解决"忍不住想对学生发火"的问题，还是要从"自我成长"上做功课。

当然，自我成长需要一段较长的时间。所以，我认为比较简单有效的应急方法是，当老师们忍不住想对学生发火时，不妨"让怒火飞一会儿"！

（阳海华，广东省东莞市电子科技学校）

班主任遭遇成长困境怎么办?

案例

把愤怒对着镜子喊出来

这学期刚刚开学,我又接手了一个班。虽说心里早有准备,但看了他们第一周的表现,心里的感觉借用一句流行话来说,那就是——"小伙伴们都惊呆了"。

第一周各项常规评比,班级每一项都是全年级倒数第一,有些项目还是"遥遥落后"。这也奇怪了,竟然有这样一个各方面都如此"整齐"的班级。难怪高一上学期刚刚过去,我就是第四任班主任了。以前也多次充当救火队员,但是接到这样的班级还是头一遭。

怎么办?

按以往的经验,我告诉自己要克制,先充分了解情况,才能采取针对性措施。早读课时,我到教室外面巡视,都已上课好几分钟了,可教室里读书的没有几个人,而吃早餐的、梳头发的、照镜子的、闲聊的却不少,更有几个男生还在教室后的空地上追逐打闹!这哪里是教室,简直就是游乐场啊!

这下,我怎么也克制不了自己的怒火了,哪有这么糟糕的班级?我冲进教室,狠狠拍了一下讲台。"嘭"的一声,把全班学生都吓了一跳。满腔的愤怒,顿时倾泻而出,我一口气发了十多分钟的火。吃早餐的收起了食品,闲聊的呆住了,几个追逐打闹的也定在了原地。局面似乎已经得到了控制,但我明显感觉到,有些学生对我的大发雷霆根本不在乎,几个学生的眼里似乎还有一丝不屑。

果然,第二天早读时我去教室巡视,情况和昨天一模一样。

怎么办?再去发一通火,有用吗?昨天不是已试验过了吗?难道学校派我去是一个错误?难道我的出发点有问题?不会啊,我决定去找一位老班主任求助。

老班主任说:"如果愤怒能够解决问题,一切事情就简单好办了。我给你个方法，你想发火的时候，先对着镜子练习一遍，看看效果怎么样？"

对着镜子发火？难道有特殊的功能？

某天上英语课时，竟然有一半学生不读书。我气呼呼地冲出办公室，准备好好治治他们。正好遇到老班主任，三言两语之后，他笑着问我，你对着镜子练习了吗？

我跟着他到了他的单人办公室，对着办公室的穿衣镜开始了"表演"。天哪！那个面目狰狞的人是谁？真的不敢让人相信！

老班主任说，与其去发一通没有意义的火，不如先去了解学生的真实想法。

这不，学生的意见很快就收集上来了，其中有一封信这样写道：

老师：

这学期一开学，我们知道又换了班主任，心里都不好受。因为我们也是怀揣着梦想来到这里的，我们也希望在一个纪律严明、学风良好的班集体学习，但是班上有几个同学的调皮捣蛋使得以前的班主任心灰意冷，科任老师也很烦我们。可是，全班大部分同学也不想这样啊，只是有时候克制不住自己罢了。

老师，我跟你说，你的名声我们也听说过一些，听说你要来我们班，我们几个同学私下还高兴了一阵子。可是，你那天的一通火，让大家有点失望，因为我们觉得你和以前的班主任差不多。以前的班主任也是动不动就是一通火，大家早已经习惯了。

老师，我给你提个建议，不要动不动就发火，好吗？这样对身体也不好。

学生：小梅

看了这封信，我真正佩服了老班主任的英明。

小梅是这个班的班长，通过她，我和其他学生开始了深刻的交流，慢慢地走进了很多学生的精神世界。这些孩子，心怀梦想，精力旺盛，又不知道怎么办，所以渐渐就成了这个样子，加上学校频频更换班主任，有的学生不仅怀疑班级，甚至开始怀疑自己，个别学生已经有了自暴自弃的想法。我的到来使一部分学生又燃起了希望，但是，另一部分学生觉得也不过如此——这还是动不动就要发火的人。

我的天，幸好当初老班主任提醒了我。

从此，每当我要对学生大发雷霆的时候，我都会先对着镜子发表一通"演讲"，待情绪平静之后，再去处理事情。

有人说，教育是心灵的交流。只有真正走进学生的内心世界，才能为学生打开一扇窗，给他们带来明媚的阳光和新鲜的空气。

直到现在，当我要发火的时候，我都会对自己说：来，先对着镜子"表演"一遍！

（王海，四川省都江堰市中兴镇青城山高级中学）

用好几种"灭火器"

——怒火难控，请学生帮忙

学生帮我开药方

人是感情动物，遇到不顺心的事难免会发火。近段时间班里学生成绩不是很好，纪律也有些松散，加上家里老人生病住院，我心情比较烦躁，因此一看到学生有违反纪律或不按时交作业的情况就忍不住朝他们发脾气。我也想控制自己，采取了很多办法，可于事无补，我陷入了深深的焦躁和迷茫状态。

当我把自己的苦恼向有经验的老班主任张老师请教时，他语重心长地对我说："小巩啊，你遇到的这些问题我过去也曾遇到过，请你看一样东西。"说着他从抽屉里拿出一封微微发黄的信给我看。

信的内容如下。

尊敬的老班：

您好！

请原谅我的不辞而别。感谢您和老师们对我的关爱和帮助。这次转学，除了家庭原因外，就是不想再待在这个冰冷之地了。

其实我很喜欢这个班集体，也舍不得离开大家。可我还是要离开，因为在您的眼里，除了纪律就是分数，除了严厉就是苛刻，动不动就朝我们发火。看看吧，小玲因为自行车扎胎迟到了10分钟，被您大骂一顿后勒令到操场罚跑了十圈，她正好来了月经，弄得她吃了两周的中药；小强和小慧只是因为说笑着一起从餐厅里出来就被您抓了所谓"早恋"的现行，他们只是一个组的值日生而已；小雨因为感冒找您请假，您正好不在，他就先到卫生室输液，却被您说成无组织无纪律，狠批一通后还要他在班内做检讨；上周五因为班里早读纪律有点乱，被您看到，您大发雷霆，把我们骂了整整一节课，其实那只是小飞打个喷嚏掉了眼镜引来一阵哄笑而已。这样的事情还有很多，亲爱的老师，您的火气怎么那么大呢？

您或许会说严格要求是为我们好，我们理解。可您总不能老是火冒三丈，这样不仅对身体不好，也让我们看着害怕。难道师生之间除了严肃就是冷漠吗？那天同学们看到您和邻班同学在走廊里有说有笑，可一看到我们脸色立马冷了下来。我们见了都很寒心，您可是我们的班主任啊，您对他们那么温和，能对我们好点吗？

我们也是活生生的人，我们有尊严，也需要尊重。班里有我这样想法的同学还有很多，我们都很希望您能改变一下，哪怕是笑一笑。可半年下来您心里除了考评就是积分、除了批评就是发火。我们不是您的宣泄工具，您在班里有真正的朋友吗？但愿我的忠告能给您带来一些反思，这样大家也就知足了。

看完信，我汗都出来了，这不是处处在说我吗？张老师拍拍我肩膀笑着对我说："这封信我保留十多年了，每当我在学生面前忍不住要发火时就会想起这封信。其实学生也是我们的老师，也能给我们开药方。但愿对你能有所启迪，也有所借鉴。"我默默地点了点头。

一番思考后，我在班会上和学生们进行了沟通，并做了自我批评，希望学生们行动起来，做我的监督员，帮助我改掉随意发火的坏毛病。我还布置了作业，要求大家每人写一首督促老师不发火的劝解诗。

一周后，学习委员把作业交给了我，她故作神秘对我说："老师啊，您慢慢欣赏吧，哈哈！"说完就跑走了。看着孩子们写的诗，我也忍不住笑起来。

老师千万别发火，生气伤肝又伤脾。气坏身体无人替，师生和谐都欢喜。

发火皮肤长色斑，胃部不适饭难咽。细胞衰老毒素多，心肌缺氧血液黏。老师做做深呼吸，多想善事笑开颜。

我们都是小调皮，管住自己很不易。但是我们一定改，老师千万别生气。

啊！亲爱的老班，我在班里笑得最甜。当您在班里忍不住发火时，请让我勇敢地站一站，让我勇敢地朝您笑，让您看看我这张欢笑的脸，您的心情再也不会烦。

建议咱班买个镜，挂在墙上当宝鉴。大伙天天照一照，阳光明媚乐翻天。

老师一笑真好看，老师发火歪了脸。我们个个心里怕，真是心惊又胆战。希望老师心情好，我们一起渡难关。

……

看到学生这些发自肺腑的作品，我心里一热，深感自己是多么的渺小和自私。我在班会上坦承错误，真心接受孩子们的批评和建议，并承诺一定要好好吸取教训，和大家多交流，改变过去的作风和习惯。我坚信，只要真正走进学生的内心世界，将心比心，多从学生角度思考问题，就一定能和他们共创美好未来。

（巩爱英，山东省淄博市桓台县荆家镇荆家中学）

老师，您发火的样子很难看呀

那天，我刚走到教室门口，便看到班里"四大天王"之首小林正站在讲台上模仿我。只见他"啪"地拍了一下桌子，瞪着两只大眼，佯装生气地说："安静！教室是吵闹的地方吗？我讲过多少次了？总惹老师发火！小博、小明你们几个屡教不改，站到教室后面，面壁思过！你，还有你，也站起来……"小博也在旁边帮腔："哎哟，老师，眼珠子都要飞出来了，您发火的样子很难看呀！"两人一唱一和，惹得全班学生哄堂大笑。

虽然学生是在故意捣乱，可这次我却没有冲上去发火，而是陷入了沉思：是啊，我平时发火的样子一定很难看！可是，是什么原因使我总想对学生发火呢？我为什么就不能心平气和地与学生交流呢？为什么不能对学生动之以情，晓之以理呢？班里的挑事者总是小林他们四个，而我一气之下，往往在全班发火，弄得小林他们没有面子，全班学生心情也不好；当众批评小林他们的次数多了，他们已开始出现破罐子破摔的苗头。发火，既没有达到预期的教育目的，又有损自己的形象，百害而无一利啊！

羞愧、后悔、自责……，我心里像打翻了五味瓶，说不出是什么滋味。

我静静地站着，快速整理自己的心情，思考怎样接好小林他们"别出心裁"的开场，把"戏"精彩地演绎下去。

定了定神，我微笑着走进教室。小林看到我，立刻像霜打的茄子，蔫了，低着头急匆匆地跑下讲台。小博他们也耷拉着脑袋，等待一场猛烈的"狂风暴雨"。教室里静悄悄的，似乎连一根针掉到地上，都能听得清清楚楚。

"感谢小林他们的提醒！发火是我的错误，以后要坚决改正！以后同学们有错误，我会及时、耐心地指出，保证不再发火！"

小林几个目瞪口呆，其他学生也一脸惊讶地看着我。

"我郑重邀请小林他们四个和班长小梅作为我的首席监督员，其他学生也是监督员，我一旦情绪不好时请及时提醒，我会坚决改正！请同学们看我的行动吧！"教室里响起热烈的掌声。

小林几个受宠若惊，平时经常遭受批评，没想到我会邀请他们做首席监督员，"地位"的突然提升，让他们一时不知所措。

沉默了足足五分钟，小林站起来，不好意思地说："张老师，您发火是因为我们，是我们的错误……"

"张老师，是我们的错误……"小博等人也站起来承认错误。

我真诚地道歉、交流，带来师生关系的融洽，更像温柔的春风，吹醒了小林他们自我剖析的意识。

"小林他们四个，个个反应敏捷，多才多艺，他们内心是积极向上的，但有时控制不住自己，随便说话、打闹，这既影响了他们的进步，更影响了我们班级的整体学习气氛。他们违反纪律时，请班干部和同学们及时提醒，我们一起帮助小林他们尽快改正缺点，好不好？"

"好！"小林他们爽快地答应。

"我们订个君子协定，如果我或者你们不听从同学们的提醒，我们自觉接受惩罚，怎么样？"我趁热打铁，和小林他们来个约法三章。

"我如果不听从同学们的提醒，就请同学们吃棒棒糖！"我抛砖引玉，学生们欢呼雀跃。

"我们甘愿受惩罚，罚站一周、打扫教室卫生一周！"小林爽快地说。

"罚站,免了,打扫教室卫生一周,可以!"我替他们开脱。

"谢谢张老师,我们一定会接受同学们的提醒!"小林诚恳地说。

我把比较"厉害"的几个班干部,调换成小林他们的同桌,作为他们的第一监督员,以便把他们犯错误的动机消灭在萌芽之中。

我专门把"老师,你发火的样子很难看呀"制作成一个牌子,贴在我办公桌的上面,时时提醒自己。

发火,百害而无一利,教师要及时反思、勇于剖析并及时调整自己的教育行为,控制好自己的情绪,猛烈的狂风暴雨容易伤害娇嫩的花朵,温柔的和风细雨才能使花朵更加美丽鲜艳。

(张慧琴,山东省淄博市临淄区实验中学)

用好几种"灭火器"

——发火之后,须及时补救

摔裂算盘之后

走廊里,我和一位同事聊天;教室里,学生在上珠算课。下课的音乐声响起,数学老师走出了教室。透过门玻璃,我看见学生们正陆续把算盘送回到各自的书柜里。

突然,后门开了,有学生急切地跑来对我说:"老师,不好了,小松用算盘砸了小雨的头。"我一听,立刻慌了神:砸头,万一手重了点,后果不堪设想啊!我三步并作两步,急匆匆奔进教室。小雨正抱着头,雨打梨花般地哭着。小松垂着的右手紧握着算盘,左手不停搓捏着自己的衣角。旁边，一大帮孩子七嘴八舌地"声讨"着小松：

"我看见了，是你先用手推小雨的！"

"不管怎样，你也不能用算盘砸别人的头啊？"

……

小松小脸涨得通红，大声反驳说："就是她先碰到我的！"

我焦急万分地检查小雨的伤情，问题不大，可看着小松得理不饶人的样子，我立刻火冒三丈，夺过他的算盘，狠狠地摔在地上，木制的算盘"啪"的一声，框裂了，几颗算珠骨碌碌地滚出好远，小松的眼泪也随着算珠滚了出来。围观的孩子三言两语的说话声，也随着算盘的落地戛然而止，个个眨巴着眼睛惊恐地看着我接下来怎么办。

那一双双闪亮的眼睛，顿时使我惊醒：他们是那样的纯真，我的一句无心的话语、一个无意识的动作，他们都听在耳里、看在眼里、记在心间。他们可能会去模仿，可能会受到伤害，可能因此对我失去信任。我说什么？去宣判某个学生的对错？我暗暗吸了口气。不！这不过是学生之间的一点小摩擦、小误会，只是学生处理的方式不够理智。我不是法官，不应该只是评判小雨和小松的对错，而要教会身边的这些学生，遇到矛盾要能设身处地地理解别人，学会思考，学会宽容，学会与人为善。而此时的我，火急火燎地先失去了理智，又怎能引导学生呢？还是先缓一缓吧。

我定了定神，捡起地上的算盘，尽量平和地说："都去准备上课吧。这事，我们大课间时再说。"

大课间到了，我把全班学生召集在教室里，当着大家的面，把一把崭新的算盘递给了小松，说："小松，今天上午，我不应该把你的算盘摔坏。现在，我真诚地向你道歉，对不起！"

小松一愣，迟疑地接过新算盘。

我转过身，拿着那把摔坏的算盘，对全班学生说："这原本是一把非常漂亮的算盘，它帮助小松学会了很多珠算知识。这把算盘没有错！可就是因为我一时的冲动，摔坏了它。我不仅对不起小松，更对不起这把算盘。"

学生们愣住了，似乎没想到我竟然会向小松道歉，更会向算盘道歉。

教室里一片安静,学生们似乎都在思索着什么。突然,有个学生说:"我们也不对。他们吵架,我们应该双方都劝劝,而不是在后面煽风点火。"

小松的眼圈红了,不好意思地说:"是我的错!小雨不小心碰到了我,我不应该重重地回击她!"

小雨也立刻站了起来:"是我不对!不小心碰到别人也应该立刻道歉!"

又一个学生说:"我爸爸是医生。我妈妈发火时,爸爸就说生气就是一种自残,'引火烧身'!"

学生们哄堂大笑,前不久剑拔弩张的教室变得温馨起来。

(古良梅,北京新东方扬州外国语学校小学部)

调节心态,让"火山"不再爆发

找准"气"源助抛"气"

对于自己总是忍不住想对学生生气、发火的问题,相信几乎所有班主任都有过体验,并想过很多解决的办法,但效果似乎皆不尽如人意。之所以如此,笔者以为很大程度上是这些班主任没有追本溯源,针对"病根"下药。

病症一:学生"不听话"时就忍不住想发火

未成年学生"不听话"作为一种常见的教育"病症"(问题),对于身为成年人的班主任来说,就是一个不折不扣的"挫折事件"。从教育心理学角度分析，学生"不听话"的主因大致有二，一是老师没有及时读懂和理解他们的心理需求，二是老师想当然地用成人的想法代替未成年学生的想法。学生"不听话"就是故意捣乱，这是很多班主任较容易产生的错误心理。有了这种错误心理的"指引"，急躁情绪滋生自然就难以避免了。

每个人都是优缺点的结合体，即便成人也会犯错，更何况处于成长过程中的未成年学生！如果班主任能够这样换位思考，自然就不会那么容易产生怒气了。换位思考可谓走进学生心理的第一步。班主任的观念一定不能陈腐、守旧，这也看不惯，那也看不惯，应该时刻以开放的心态对待学生新潮的思想观点和行为方式；只有换位思考，时刻站在学生的立场上去想问题、理解问题，才能发现他们的优点、长处，从而对其产生好感并愿意接近他们、肯定他们和鼓励他们，最终甚至视学生为知己。至此，同样对你视为知己的学生才会向你敞开心扉，互通有无，师生间的理解和沟通就此真正达成。

良好的情感能产生积极的行为，学生只有在健康良好、轻松愉悦的情感状态下，才能接受教育。所以面对"不听话"的学生，班主任只有通过换位思考，先弄清学生想做什么，才能引导他们用合适的方式去实现，他们也才能心甘情愿地配合你的帮助去实现。如果都能做到这样，学生的"不听话"现象就不会存在，班主任忍不住想发火的问题自然也会避免。

病症二：自己心里不痛快时就忍不住想拿学生撒气

心里不痛快，尤其是情绪上来时，要保持好脾气对每一个人来说都是一个不小的挑战，更不用说学生以"不听话"的方式再来"凑热闹"。自己心里不痛快而忍不住对学生发火，此时根源上已不在于学生做了什么，而是你的处理方式有了问题。有一种情绪处理方式叫"情绪应对"——当情绪上来后，不管青红皂白，对着他人就大吼大叫，他人成了自己情绪的替罪羊，至于他人和自己情绪之间是否直接相关，从不认真思考。这样的人对自己的情绪既无觉察力，更无控制力。所以，一个班主任自己心里不痛快就忍不住对学生发火的状况，可能反映的是其自身情绪管理能力的不足，但从更深层来看，还是修养不够。

治本的办法是多读书，多培养一些高雅的爱好，学会一些控制情绪的方法，不断开阔自己的眼界，磨炼自己的心性，使自己的涵养越来越好。当然，掌握一些治标的方法也是必需的。建议班主任在自己情绪不好时，首先能自觉地避开学生、远离学生，找个僻静之所让自己平静一下，客观地分析：自己刚才不愉快的感受是学生带来的，还是自己原本就有的？这件事对自己和学生有什么影响？有没有更好的处理方式……，只要多一些这样的反思，班主任就能慢慢学会控制自己的情绪，让暴躁发作得晚一些、慢一些、轻一些，以后再遇到类似的事件就会比上一次更冷静些，进而逐步培养起对自己情绪的觉察和控制能力，最大限度地降低发脾气的频率和程度。

病症三：对他班学生有"好脸"却对自己的学生没"好气"

为什么会这样呢？这里面有一个前提性的心理预判，那就是一些班主任习惯于把本班学生当成"自己"的，觉得骂他（她）甚至打他（她）都是应该的，并且不会影响自己在他人眼里的形象；而对他人，因要考虑自己的社会角色，考虑他人对自己的评价，从而迫使自己不得不做出一些伪装，通过"装"出良好的形象以维持与外界的和谐关系。

从根源上讲，一些班主任滋生上述错误认识主要还在于他们缺乏民主意识和正确的学生观：他们往往视学生为"物"，没有把他们当作真正意义上的社会人来对待，仅把他们当作可操纵、可控制的对象；一些班主任"权力"欲望强，乐于或习惯于对学生指指点点、说三道四，严格控制学生的一举一动，要求每一个学生按自己的意愿行事。一旦学生违背自己的意志，变得"不听话"，即被视为冒犯"皇家威严"而"龙颜大怒"。

鉴于此，班主任首先应该转变思想观念，树立民主意识和正确的学生观。现代科技促使学生获取知识信息的渠道、机会多样化，因此教师不再

班主任遭遇成长困境怎么办？

可能是学生的唯一知识源和发展源。在学习面前，学生不再是任人摆布的弱者，也不可能乖乖地听任教师的摆布，老实地接受教师居高临下的训导。"怀疑"已然成为现代学生的良好品性。对于教师和班主任来说，能够做的、应该做的就是克服"唯我独尊"的传统观念，确立与学生平等的意识，做"平等中的首席"，与学生相互理解、平等对话、共同探究和共同创造。

班主任工作是烦琐且繁重的，当工作令你感到疲惫不堪时，你不妨适时、适当地把你的委屈和负担向与自己平等的"学生伙伴"倾诉出来，或者通过和他们的民主协商，让他们民主参与班级管理，自觉合理地分担班务，这样既减轻自己的心理压力和班务管理压力，也会在此基础上避免把消极情绪发泄给学生。一旦有了民主和平等的意识，班主任就很容易和学生建立起和谐、融洽的伙伴关系。此时，班主任就完全可以请学生担任自己情绪控制的友好帮手。

最后有必要指出的是，作为班主任，学会"制怒"还应该不断培养自己对学生的感恩之心。笔者很认可一个观点：班主任是学生的"同龄人"。作为班主任，生理上可能是三十岁、四十岁、五十岁；可是当"班主任"的年龄，却和每一名进班的学生一般大。因此，学生来到我们身边，就给了我们一个再成长的机会。我们应该学会感恩学生，感谢他们让我们有幸成为班主任。常怀一颗感恩的心，也会让班主任越来越多地发现学生带来的快乐和欣慰，进而在不知不觉中减少很多对学生的"坏脾气"。

（高鹏，江苏省宿迁市钟吾初级中学）

专家视点

宽容学生　提升自己

师生关系归根结底是一种人与人的关系。每一个人都有自身的秉性、好恶、苦乐，每一位教师、学生都有自己的脾气性格。身为教师，对于学生来说，偶尔发发火，就像学生自己偶尔不想听老师讲课、没心情完成作业一样是完全可以接受的。一般说来，那些遇到不愉快事情能跟学生发火的老师，通常把学生看得很重要，他们很关心学生，愿意在学生面前展现真实的自己，在遇到高兴事的时候也会和学生一同高兴，更容易和学生通过情感的沟通来建立起荣辱与共的集体感情。相反，倒是那些从来不和学生发火，也几乎不和学生欢笑，看上去总是理智而严肃，过分在意自己权威形象和教师尊严的老师，不仅会让学生感到望而生畏，还会与学生之间产生莫名的疏离感。该发火就发火，该高兴就高兴，只要教师真是为学生着想，学生总会感受到教师的温情，从而接纳教师。教师也大可不必为自己在学生面前发火而事后又为自己的"失态"深感不安，甚至自责不已。可问题是，作为教师，究竟在什么情况下"该"对学生发火？"总是忍不住想对学生发火"明显不是教师该有的心态，可为什么会这样呢？

事实上，无论在什么情况下，当教师自感总想要对学生发火时，都应该首先对自己的情绪有一个清晰的认识，究竟是什么原因让自己难以克制火气？

首先，生活在竞争激烈、快节奏的现代社会，由于社会各界普遍对教育寄予厚望，教师尤其是中小学教师深感自身责任重大。除了每天应对日常烦琐的各种教育教学任务外，还要随时准备检查、评估、考核、达标和各种活动，这常让教师们感到应接不暇。面对现实工作中的一些压力，有些教师不免会感到心烦气躁，如果对领导、同事、朋友发脾气，很可能损害彼此的关系，因而不得不在沟通中有意无意地留意自己的态度；而面对学生，特别是"自己班里"的学生，由于双方处于一种比较稳固的关系，在相对具有心理安全感的情况下，就会在潜意识里放松自己，不太注意控制情绪，以致忍不住就想对他们发火。

其次，在社会普遍流行的观念中，学校教育是规范学生、不断令其改正错误，其所有缺陷都在教师的指导下不断得到矫正的社会实践活动。学生一进校门便被设想成需要老师随时看管、批评、斥责甚至惩罚的"规训对象"，被看作浑身毛病却丝毫没有自知、自动、自觉能力，根本不会自我选择的对象。而教师，作为辛勤的园丁，稍不留意这些自由生长的"小树苗"，他们就会"长残""长歪"，成不了全面发展的栋梁之材。事实上，我们很多教师就是在这样的学校教育中度过自己的学生时代的，在自己长达十几年的受教育过程中就一直是被这样"负面"设想的，等到自己做教师时，这种观念已经根深蒂固。多年"被修整"的经历，使得他们看不得学生有缺点，难以容忍学生犯错误，其实，在他们思想意识深处，是再也不能允许自己犯错误、不优秀。

再次，中小学教师整天和学生在一起，朝夕相处，即使不在学校的时间也常常想着学生的事情，特别是班主任在学生身上花费的心思更多，有时甚至会不自觉地把自己班上的学生看得比自己或自己的家庭成员还要重要。因此，当学生所言所行达不到自己的预期时，就会感到自己付出太多却没有得到相应的回报，非常生气，不由得想对学生发火。

鉴于上述原因，教师对自己总想对学生发火的状况就可以从以下几方面有针对性地进行自我调整改善。

一 加强修养、调节情绪

认识到可能引起自己发火的多种原因后,每当我们想要发火时就应该先想想究竟是哪种原因导致的。如果真的是由于学生犯了比较严重的错误,比如欺侮弱小同学、嘲笑身体有缺陷的同学等,造成不良影响,老师控制不住偶尔发火也属正常;如果是由于自身工作生活压力或习惯性地对学生要求过于严格,甚至由于自己付出的"爱"没有得到学生学习上的相应回报而对学生发火则属于"不应该"。

作为学校生活中学生"榜样"的教师,我们首先要提升自我修养,在控制情绪方面给学生起到表率作用。尽管有时候我们主观上希望对个别学生发火能够起到"杀鸡儆猴"的作用,给班上所有学生一个"下马威",先从气势上"镇住"他们,可实际上对于学生(特别是身心发展尚未成熟的中小学生)来讲,教师作为学校班级日常教育教学活动的组织者、管理者,常常也是他们尊敬、模仿的对象,经常对学生发火的结果也许只是在当下情境中让学生害怕、紧张,但从长远来看,往往不仅达不到让学生从心里"服气"的效果,还有可能让学生通过日复一日的耳濡目染学到了我们的"坏"脾气,无形中滋生、助长了他们的负面情绪表达,反过来动不动就不加自我约束地对家人、同学甚至老师发火。

合理控制自己的情绪需要教师着眼于自己和学生的长远发展,对于社会上流行的各种说法有自己的理性思考,对于日常所要处理的各种琐事、所要面对的各种检查考核分清主次,处理好关键问题,为自己减压。作为教师,我们每天与几十名身心发育还不成熟的学生朝夕相处,不论需要面对和处理的学生问题多么繁杂,需要应对的学校检查、评比等烦琐的任务有多少,归根结底,我们的根本任务是育人,主要途径是教学。学生是人,教师也是人,把学生当人看,首先要把自己当人看。世界上从来就没有十全十美的人,每个人都有自己的长处,也不可避免有缺陷。作为一名教师,我们想要在所有的检查、考核、活动中都表现出色,这本身就不合情理;

再想把每一个情趣各异、个性不同、爱好五花八门的学生都教成统一标准的"好"学生，更是荒谬的期待。只要我们在日常教育教学生活中能够从学生长远发展考虑，尽力对他们未来的发展产生一些有益的影响，尽力把自己的本职工作做好，对学生、对教学做到问心无愧，时时保持一种淡定的心态，就不会为应对各项检查、考核、活动而忙得团团乱转，身心俱感"压力山大"，亦不会被诸如"只有不会教的老师，没有教不好的学生""灵魂工程师""万世师表"等说法弄得整日烦躁不安、不知所措，时常不由得升起无名之火，并迁怒到学生。

理解学生、宽容学生

作为教师，面对班里的学生，我们常常忘了自己也做过多年学生，忘了当年我们做学生时的感受，特别是在做过很多年教师后，总是想怎么做好教师而不是从学生的角度出发考虑问题。我们每天不停忙碌应付日常事务，似乎已难以抽出时间去了解学生的生活：他们在教室里一天要静坐七八节课的辛苦，他们家庭生活中各种各样的情况，他们被迫学习的苦恼，他们所遇到的在他们看来无法逾越的困境……。也许当我们想要对学生发火时，只有再多一点耐心，平静下来让学生说出他的处境、他的想法、他的困惑、他的努力、他的无能为力……，并且我们都用心去听，真正站在他的角度去体会，我们可能就会理解——尽管以他的年龄、他的个性、他的能力、他的水平，一些事情做得没有达到我们的愿望，但他真的是想做好，我们就会感受到他的付出和努力。很多事情我们太追求完美，常纠结于自己对学生付出的"爱"没能得到相应的回报，当学生所言所行达不到自己的预期时，就觉得不高兴，实际上是我们太看重自己的感受，相对地忽视了学生的感受。

事实上，作为教师，特别是班主任，在面对自己班的学生时，因为朝夕相处常常会有"自己人"的感觉，交流沟通中也会有意无意地不太注意方式方法，一般情况下即使我们的态度有些强硬，有些出格的言行，学生们往往也不会计较，不会记恨，就算在不该发火时对他们发了火，他们也很快就忘记了。因此，相对于同事、领导和其他人来说，自己所带的班级是一个相对能给予我们更多心理安全感的环境。但是处于这样的环境中，我们总是不知不觉地提高自己的要求，认为学生们应该做得更好，一旦遇到不太如意，就会产生心理落差，觉得学生"不争气"。其实，我们往往没有意识到，当学生默默地听我们训斥、沮丧地被我们粗暴打断发言，忍受我们的坏心情时，他们给予我们的爱与包容。如果我们真正做到换位思考，从学生的角度出发理解他们时，我们就会对班里拔河比赛没有取得名次、优秀班级评奖没有获得提名、学生粗心大意本该考一百分却考了九十分、全班考试成绩平均分退步之类让我们感到失败或沮丧的种种表现想通了：其实这些对于学生一生的长远发展来说并不很重要。就算当时我们感到很没面子，也会从内心里宽容学生，不会对他们发火。

三 欣赏学生、提升自己

当我们愿意真正理解学生，体会他们的感受，从而宽容他们时，我们最终放过的其实是我们自己。我们不会再纠结于我们付出的爱是否得到了等价的回报。我们爱学生，付出自己的时间和精力，而不再寻求学生获得各种好成绩、各种优秀表现以回报我们，而是这种"爱"丰富了我们自己的情感经历，丰富了我们的日常生活，使我们给自己的教师生活赋予了意义。"爱"不是交换，"爱"是一种能力，只有不怕自己失去的多得到的少，才有爱。而当我们不期望任何回报、没有任何私心杂念去爱学生时，我们会得到学生真心的爱戴，我们和学生之间的这种精神契合才是真正的教育应该追求的境界，是我们作为教师的趣味所在。我们能有机会和学生们朝夕相处，参与他们一个阶段的成长历程，并对他们未来的发展起到一些有益的影响，师生间的精神契合无论是对于我们自身的专业发展来说，还是对学生长远的发展而言，都比比赛和分数更重要。

当我们明确认识到师生之间精神的契合不仅是我们从事教师职业乐趣

的源泉，是我们追求的理想，也是我们专业发展的标志，我们就会很容易以平等的态度与学生相处，走出自我中心，摆脱由于苛求自己，对学生期望过高而导致的挫败感、无力感和没由来的烦躁焦虑，更加愉悦地接纳自己，愿意花时间和精力去理解、信任、宽容甚至欣赏学生，从而不断拓宽自己的认识和经验，使自己的精神世界更加丰富，促进自我的专业成长。而不是把自己的成功附加在学生身上，一味要求学生，将自己的成功依赖于学生取得的各种好成绩。我们的成功最重要的还在于我们自己，珍惜和学生相处的过程，在自己和学生共同发展的过程中体会人与人相处的快乐，享受教师职业的乐趣，从人格和自我专业发展方面不断提升自己。

（王彦力，天津教育科学研究院研究员）

7 班级安全责任压力过大，怎么办

多方教育，锻炼能力

帮学生筑起安全"防火墙"

父母和老师都希望孩子能平安健康、快乐成长。可是，现实生活中总会有一些危险躲在快乐的影子里——体育课上磕破了皮、课间追逐打闹时扭到了脚、春游时摔伤了胳膊……，种种安全事故层出不穷，让人防不胜防。但我们也不能因噎废食，把体育课改成文化课，课间禁止学生出教室，不组织学生春游等，而应借着"安全"的东风引导学生学会分辨安危，积极应对险情，在危险来临时自助和互助。

找隐患——从源头上减少危险

据不完全统计，不管是天灾还是人祸，80%的安全事故是可以避免的。对于校园里的安全事故，哪些是能提前预知的，我们又应该怎样防范呢？

每学期开学之初，我都要围绕"安全"主题组织一系列活动。

活动一：细心的"排雷兵"——排除显性危险

校园里总会有一些地方看似风平浪静，实则潜藏着一定的危险。我会定期组织学生分小组排查校园里的安全隐患，把发现的问题汇总到一张表格上。如教室背面窗户要加防护栏，以防学生意外坠楼或者花盆跌落砸到人；下雨天楼道要铺防滑垫；旗杆下的铁质螺母要裹上保护套，既防止生锈，又能预防学生跌倒时被磕伤……，学生在"排雷"活动中的细心程度让我叹服。每个小组都在班会上公布自己的发现，让同学们在相应区域活动时注意自我保护；同时也把问题上报给学校后勤部门，请他们在第一时间排除危险。

这项活动既能锻炼学生善于发现危险的眼睛，又能增强他们的校园主人翁意识。他们会意识到，同学的安全不仅仅是学校、老师的责任，自己也有一份责任。

活动二：走心的发现家——预防隐性危险

显性的危险不可怕，因为我们可以提前防范，而一些隐藏在正常活动中的不确定因素，往往让学生和老师猝不及防。因此，引导学生学会预判危险，显得尤为重要。

比如，在教学生跳绳之前，我首先组织了这样一次主题班会：请学生展示自己的跳绳新花样，他们或双人跳，或"钻山洞"，或两手打花跳……，创意十足的跳法，让人由衷感受到跳绳这项运动的快乐。正是因为跳绳有乐趣，所以我们不希望有任何危险来破坏它。于是学生合作讨论这项运动中可能存在的危险，然后我结合专家的建议，从着装、绳子、场地、活动前的热身等方面总结，让每个学生都明白怎样跳绳更安全。最后，我们一起观看国际跳绳高手的跳绳视频，感受安全运动的无限快乐。

教方法——从技能上减少伤害

尽管我们采用种种方法严防死守，可是还会有一些"天灾"突然降临。所以，提前教学生一些应对措施，减少危险的二次伤害是非常必要的。大到火灾、地震的消防演练，小到倒温水究竟先倒凉的还是热的，都可以和学生聊一聊、练一练。

比如，我们日常所见的校园消防演习，通常都是学生在教室里听到火灾警报后，按照老师之前制定好的路线进行疏散。这种演练确实有必要，但我还是更愿意采用原生态的演习方式。如上课时，警铃突然响起；在餐厅吃饭时，警铃突然大作；课间学生活动正酣，警铃响声震天；有同学在撤退中受伤了……，先分不同的情形和学生讨论具体做法，再实打实地多演习几次，最后讨论总结更优化的方法。长此以往，学生不仅知道了面对这些危险时最科学安全的方法，更磨砺了面对突发事件时的自信、坚毅和担当。

教乐观——从心理上减少阴霾

人的一生总会有些磕磕碰碰，甚至磕断牙摔断腿。牙坏了，可以补或再植；腿骨折了，休息调理一段时间，照样活蹦乱跳。最可怕的是，磕了碰了，心理上受到沉重打击，感觉天塌下来了，一下子失去了自信和勇气。班主任要积极应对这种心理危机，提前干预和引导。

首先，心理干预要赢得家长的配合。现代社会，几乎每个学生都是在长辈的精心呵护下长大的，抗挫能力普遍较差。班主任在不同场合和家长沟通时，要突出强调挫折教育的重要性，在家庭教育中引导学生正确面对挫折，利用挫折帮助学生更好地成长。

其次，用名人为学生树立榜样。古今中外，逆境成才的名人数不胜数，可以选择其中一些故事和学生分享，让学生观其言行，思其坚毅，悟其成才之道。相信学生会逐渐地明白其中的道理。学生有了这种认识，即使经历危险，也能坦然自信地面对吧！

安全责任压力并不可怕。换个角度，厘清思路，用真心关爱学生，用细心指导学生，就可以陪伴学生筑起一道安全防火墙。那时，我们和学生从这种压力中收获到的，又何止是安全呢？

(古良梅，卞郑星，江苏省苏州外国语学校)

案例

抓好安全教育的关键环节

引导学生养成良好生活习惯,增强安全意识,提高应对突发事件的能力,是每位班主任义不容辞的责任。结合所在学校的实际,我发现安全隐患主要集中在三个方面:走读生上学、放学路上,住宿生校内生活细节,体育锻炼意外受伤。抓好了这三方面安全教育的关键环节,其他方面的安全教育工作就好做多了,相应地,我的安全责任压力也就大大降低。

交警讲解会——惨痛教训消除麻痹思想

我校地处县城繁华路段,交通拥堵严重,而我班走读生又比较多。经过调查发现,走读生进出校门存在骑车多人并行、路边随意停车逗留、路口钻空抢行、电动车车速过快等安全隐患。针对这些问题,我召开了一节交通安全主题班会。会上,我先用多媒体播放了一段五分钟的交通事故视频集锦。虽然高中生有了一定的承受能力,但他们仍然被一桩桩交通事故的惨象所震惊。乱闯红灯、随意进入机动车道、骑车并行、强行超车等学生认为不起眼的行为却会在瞬间导致宝贵的生命遭遇不测。看着他们一个个目瞪口呆、感慨唏嘘的样子,我又请县交警大队肇事科科长左伟(本校校友)结合视频给大家讲解事故原因。左警官业务精通、思路清晰,讲解通俗易懂、详细透彻。学生边听边点头,真正意识到交通安全无小事,自己在这方面还需要多多学习。最后,左警官还给大家发了《交通安全条例》宣传小册,鼓励大家好好学习,安全出行,珍惜生命。

宿舍现场会——关注细节避免侥幸心理

有人认为住校生天天在校,生活无非是宿舍、教室、餐厅三点一线,好像没有安全漏洞。事实绝非如此，我仔细观察后就发现了许多问题。这天课外活动时间，我带着全班学生来到 301 宿舍门前。我什么都没说，踮起脚尖，伸手从门框上面摸了把钥匙，然后打开了门。我问谁还想再试一下，几个学生如法炮制，又发现两个宿舍也是这样放钥匙的。看着住校生们尴尬的表情，我说："大家不是开门揖盗，不过也差不多，这样丢了东西谁负责？现在我们开个安全现场会，大家回各自宿舍，好好讨论总结还有哪些安全隐患。"经过热烈讨论，大家总结出了提着暖瓶不能在楼道里追逐打闹、钱物不能随意放在枕头下、停水时要及时关闭水龙头开关、不在宿舍内放置刀具、晚上不在地板上乱放脸盆鞋子、丢了宿舍钥匙要及时换锁并上报等安全注意事项。学生纷纷表示，一定关注细节，避免侥幸心理，消除安全隐患。

比赛观摩会——合理对抗中避免人为受伤

很多人都知道，体育比赛尤其是竞技比赛受伤是难免的，但从学生角度来考虑，有许多受伤却是因不懂规则和动作野蛮造成的。为此，我带领学生到操场观看足球比赛，并请体育组张老师结合比赛给大家讲解体育锻炼安全事项。张老师边看边说："你们看，9 号动作僵硬，这是赛前准备活动做得不充分造成的，人在这种肌肉僵硬状态下运动很容易受伤。""8 号跳起争头球时没做好保护动作。""10 号射门准备动作不够，摆腿过猛，容易拉伤。""12 号下场就狂喝饮料，很容易导致胃痉挛。"……，大家在欣赏比赛的过程中，懂得了应该在合理利用规则和做好自我保护前提下享受运动的快乐。我又适时在班里搞了个体育项目规则竞赛活动，使大家对在体育活动中如何尽量避免受伤有了新的认识。之后，学生体育锻炼受伤的情况少了，运动热情越发高涨了。

安全无小事，只要班主任正确引领学生关注细节，体验生活，尊重科学，遵守规则，学生的安全意识一定会不断得到加强，班主任的安全责任压力自然随之大大降低。

（李波，山东省淄博市桓台第二中学）

培养孩子独立应对危险的能力

那天,距离家长会召开还有半小时,我突然接到萍萍妈妈的电话,她着急地说因为接送萍萍,家长会可能要迟到。她在电话里不停地道歉,生怕我责怪她。

其实,从萍萍家到学校就有一班公交车,非常方便,可是萍萍妈妈就是不放心孩子,生怕她乘错了车或者出什么意外。平时,连萍萍去超市买个东西也要陪着。

的确,长期以来,安全问题成了学校、家庭教育的重要话题。虽然老师和家长一再强调与重视,但安全事故仍时有发生。于是乎,为了安全,很多家长牺牲自己的时间坚持每天接送孩子。老师们也变得谨小慎微,课间十分钟,许多班的学生被老师留在了教室里看书;每年的春秋游也被取消了,因为不安全因素太多,不怕一万就怕万一……

即便这样,还是屡屡出现各种安全事故,让家长、老师忙于应付。为什么?是因为重视程度还不够吗?显然不是。那是不是我们的教育思路出了问题呢?再有一年,萍萍就小学毕业了,中学离家更远。如果还像小学一样接送,那萍萍妈妈会更加辛苦,孩子的发展也会受到影响。就在那一刻,我决定临时调整事先准备好的家长会内容。我想,当务之急是指导家长该做什么、怎么做。

家长会准时开始,萍萍妈妈赶来时,正好赶上外聘的法制副校长讲安全教育的内容。法制副校长重点指导家长教育孩子在独处和遇到陌生人时的安全防范措施:一个人在家时,若有人来敲门要假装家里没人,千万不要轻易开门;在街上遇到陌生人搭话,要警觉地离开;切不可吃陌生人给的食物……,家长们都听得特别认真,不住地点头表示认同。

法制副校长讲完后,各班开始分头开家长会。我首先问了家长一个问题:"法制副校长的报告对你们有指导作用吗?"

"有！"几乎是异口同声，看得出家长们说的是真心话。

"可是我却认为他讲得还不够到位。"我笑了笑说。

家长们一下子愣住了，他们对我的想法感到很诧异，狐疑地看着我。

"其实，仅仅告诉孩子们这不能做、那不可以是不行的，得告诉他们该怎样做才是安全的。我们既要教给孩子自我保护的知识，也要教给孩子一些基本的自救技能。这样，孩子们将来才能独立，才能适应社会，才能在高飞时搏击风雨……"我的话还没有说完，家长们已经忍不住拍手称赞了。

"那么，面对种种可能存在的危险，我们该如何教育孩子去化解、防范呢？怎样才能做到让家长放心呢？"我抛出了第二个问题。

"我举个自己的事例。由于我和爱人工作都比较忙，孩子上小学时，只好让他自己乘公交车上学。起初，我们也很担心，怕孩子坐反了方向，坐过了站等。于是，在开学前几天，我带着孩子从站台的标牌认起，从家去学校坐几路车，经过多少站，怎么找学校站台的标志，下车后向哪个方向走……，我拉着孩子一路坐车一路讲解，然后又从学校乘车回家。经过几次实践后，孩子就清楚了。后来，孩子都是自己乘车上学，从没有耽误过。"讲到这儿，我看了一眼萍萍妈妈。萍萍妈妈脸一红，显然意识到了我讲这个例子的用心。

我继续讲下去："如果在车上遇到陌生人搭讪怎么办？法制副校长讲的是一种有效方法，但我认为，孩子们在生活中不可能永远不接触陌生人，作为老师和家长，我们还必须用正确的方法和行动来教育引导孩子，让他们学会怎样与陌生人交往，学会机智应对可能遇到的危险。"

……

我的一番话引起了家长的强烈共鸣。有位家长站起来讲了这样一件事：

一个上幼儿园的男孩走丢了，被一个陌生人拉上了一辆电动车。一开始孩子可能是吓蒙了，没有喊叫。走了没多远，孩子感觉越来越不对劲，意识到了危险。当他看到路边一位行走的老人时，急中生智大声喊："爷爷，我在这里，你怎么才来接我呀？"那位老人先是一愣，然后立即意识到了什么，马上沉下脸问骑车人："你想带他去哪儿？"那个骑车人慌了，连忙把孩子放下来，掉头就跑。

这个小男孩无疑是聪明的，他的父母或老师肯定教过他遇到危险时该如何处置。倘若师长们只告诉他不要和陌生人说话，当遇到这个并不说话、直接带他走的陌生人时，孩子就会无所适从，后果将不堪设想。

那天的家长会反响很热烈，大家纷纷表示一定要落实在行动上，教给孩子面对陌生人和处理危机的方法，再也不能一味地回避、躲藏了。

家长们果然这样去做了。这不，萍萍现在已经自己乘车来上学了。

其实，每一个孩子的安全意识和技能都不是天生的，需要父母和老师在与孩子的朝夕相处中找准时机巧妙引导。教育的目的不是教孩子不要做什么，而是让他清楚该做什么、该怎样去做。所以，我们要教给孩子一些自我保护的知识和基本的自救技能，教育他们遇事要学会冷静处理。这样，孩子们才能独立，才能让人放心地离开我们的怀抱，才能适应社会。

(陈文海，江苏省扬州市江都区仙女镇中心小学)

排查隐患，构建网络

过好"知情关"，抓牢"牛鼻子"

班级安全管理不确定因素多，压力大，这是不争的事实。而要做好这项工作，班主任首先必须过"知情关"，对与班级安全相关的情况了如指掌。唯其如此，才能牢牢抓紧班级安全管理的"牛鼻子"，掌握主动权。

学生基本情况全覆盖

每接手一个新班级，调查了解学生基本情况是必不可少的一个环节。我对学生的家庭住址（有无租房）、联系方式、到校行程、到校方式（步行、乘车、骑车、家长接送等）、健康状况（有无特异体质）等内容都要一一了解，详细记录，编制表格，打印后发给班级所有科任教师人手一份。在此基础上，还要不断动态补充和更新后期了解到的新情况。这样我和科任教师都能及时详细地了解班级学生的情况，有利于大家共同关注学生的安全状况。

小源患有癫痫，了解这一情况后，我们几位老师共同商定：给他安排乐于助人的同桌，并嘱咐同桌平时多关照他，一旦发现异常立即汇报给老师；不在学习上给他任何压力；允许他不上早操和体育课，课外活动时不让他做剧烈运动；允许他不参加卫生打扫和其他劳动，尤其是擦玻璃等带有危险性的劳动；在校活动安排同学陪同，上学、放学要求家长接送；等等。在大家的悉心照顾下，小源顺利完成了学业。其间同桌两次发现他出现"傻笑"的异常现象，我们都及时与家长联系将其送到医院诊治，有效避免了意外的发生。

安全隐患排查常态化

每周班会课，我坚持做的第一件事就是安全隐患排查。先由每个学生书面反映自己发现的安全隐患，班会课后我再一一梳理、记录，属于学校层面的报请学校安全管理办公室（简称"安管办"）尽快整治，比如校舍安全问题、体育器材安全问题、"问题学生"打架斗殴敲诈勒索等；属于班级层面的当天必须教育处理好，比如同学间矛盾、携带违禁物品、追逐打闹、违规骑车停车等。另外，班主任腿要"勤"，眼要"尖"，每天在教室内外等学生活动场所多转转、看看，要带着"放大镜"去查找问题。通过这些途径，就能扩大安全隐患的排查范围，保证发现问题、解决问题的时效性，真正做到防患于未然。

有一次，有个学生反映放学路上有几名高年级学生无端拦截他，并让他"小心点"。我马上将这一情况汇报到政教处和安管办，学校立即安排人员调查处理，批评教育了那几个寻衅滋事的学生，并组织开展了预防校园暴力的专题教育活动，防止了校园暴力的发生。

构筑班级安全信息网络

我在班级提出"人人都是安全文明使者"的口号，要求每个学生增强安全意识，除确保自身安全外，还要关注他人安全，及时为班级提供安全信息，一发现危及安全的人、事、物，就立即报告班主任或其他老师。这样，每个学生都自然地成为班级安全信息员。另外，我班还设置了"班级安全管理员"岗位，专门负责班级安全管理，发现问题能处理的及时处理，不能处理的及时汇报。我们还约定，在课堂上课代表和各组组长是班级和小组安全管理员，与班级安全管理员共同履行安全管理和信息传报职责。班级安全信息网络的构建，增强了每个学生的安全责任感，便于班主任和科任教师掌握处理问题的主动权。

上完体育课，小A和小B互相逗能，小B用拳头击打小A的拳头，小A一直说"你打，不疼"，还称自己练过武功，小B就重重地连打了好几拳。体育委员看到后进行劝止，并及时向我汇报。我找来两个学生，本想批评教育一番，却发现小A的手指又红又肿。我立即打电话请来双方家长，一起带小A到医院检查，幸好没伤到骨头；然后与家长一起教育了两个孩子。家长也自我批评没有教育好孩子，小A家长自行承担了检查费，小B家长执意买来水果表示歉意，双方握手言欢，一场风波和平解决了。

当然，"知情"的渠道还有很多，比如向家长了解孩子的安全意识、安全习惯和行为，向邻班班主任和老师了解他们眼中的本班安全状况，向学校安管办了解有无对本班安全隐患情况的反映等。只有充分掌握相关情况，我们才能有针对性地采取措施，或未雨绸缪，或防微杜渐，或止暴禁非，或亡羊补牢。

（沈建军，江苏省泰兴市黄桥初级中学）

一次预判，挽救了一个花季生命

  班级安全，是校园安全的核心，也是社会安全的重要组成部分。由于社会关注度的提升以及校园事故定性处理机制的不完善，作为校园安全责任主体的班主任感觉压力很大，有的甚至产生极为严重的心理焦虑。为了有效化解这种潜在的威胁，班主任要学会通过调研评估来提前预判可能发生的安全风险，从而及时将安全隐患消除在萌芽状态。

  接手五年级新班后，我发现班上有个叫小雨的女生，性格孤僻，从不和同学交往，也不轻易开口，最近几天的状态似乎更不好。出于敏感，我悄悄找她的同桌了解情况。没想到她的同桌竟然告诉我："小雨想自杀，并且已经写好了遗书，原因是唯一疼爱她的爷爷一周前从床上掉下来摔死了，她想去陪爷爷。"这个寻死的理由真实而荒唐，我必须立刻采取点行动。

  我暗中进行了调查，得知小雨父母在她上一年级时就离婚了，旋即双双再婚，小雨被迫跟着爷爷奶奶一起生活，然而奶奶嗜赌如命，从不顾家。就在爷爷生病卧床需要照料时，奶奶仍去打牌，结果爷爷自己倒水时不慎从床上摔下，当场死亡。这件事对小雨的刺激很大，她恨自己当时不在家。当然，她更恨爸爸妈妈和奶奶，是他们的自私，让她失去了爷爷。很显然，因为悲痛愤慨，小雨产生了情绪障碍。这种情绪危机如不及时干预疏导，极有可能造成不良后果。

  于是，我设法找到了小雨的爸爸妈妈和奶奶，分别与他们交流，重点强调了他们三个人各自在小雨成长中的角色重要性，分析了青春期女孩的情感需要，并提醒他们要多给小雨一点爱，帮助她走出孤独，走出依赖，走向活泼，走向新生。

与此同时，我也伺机找小雨深谈了一次，可她显得十分麻木甚至是防范抵触。尽管如此，我还是给她提了四点建议，希望引起她的反思：一是每个人不能选择出身，但能选择对待生活的态度；二是爱需要宽容感化乃至真诚付出；三是爷爷在天堂注视着你，他期待你能快乐地生活；四是老师和同学们都十分想与你成为好朋友。

此次谈话后，我还暗地挑选了几个女生组成帮扶小组，任务是密切注意小雨的思想行为动态，并及时与我保持联系。在后来的学习生活中，我并未看到小雨有多大的变化，当时还想是不是我们多虑了，可能她只是一时之气说说而已。就这样相安无事地过去了一年多时光，直到毕业，我们担心的"事故"也没有发生。谢天谢地，我像拆除了"定时炸弹"一样松了口气。

没想到，学生离校第二天，我收到一封包裹严密的信，拆开后，里面是一张贺卡。打开贺卡，上面只有两句话："谢谢您给了我第二次生命，否则我已不在世间两年了。我再也不会做傻事了，因为您的苦心！"

我不觉内心一颤。这会儿，我才万分庆幸，幸亏自己提前预判并做了那么多……

（王老实，安徽省安庆市高花亭小学）

厘清责任，依法处理

家委会助我解决赔偿纠纷

好动爱闹是每个孩子的天性，特别是一年级孩子，虽然我在班上经常要求他们课间不能疯跑打闹，可还是发生了意外。这不，在和小王疯闹时，小周的胳膊不慎骨折了。

伤筋动骨一百天。直到下学期开学，家长才带着小周来上学，同时也带来了医疗费用的全部单据，共约六千元。家长认为，小周在这次事故中承受了痛苦，耽误了学习，坚决要求小王家长承担全部医疗费用，并承担误工费、营养费，还有精神损失费。

小周家长提出医疗费用等一系列赔偿要求是我意料之中的事，但我不能马上处理，因为需要求助家长委员会。我刚参加工作时也遇到过类似的事故，尽管我当时尽到了责任，但我的调节工作仍然失败了，最终双方家长走上法庭，两名学生也从此成了陌路人，班级的和谐氛围受到很大影响。鉴于此，后来我在班上成立了家长委员会。家委会出面可以更好地解决一些问题，特别是涉及学生之间的医疗费用纠纷等问题。

接下来的几天，我通过电话、QQ群等方式与家委会成员进行了充分的交流沟通，初步确定了医药费赔偿方案，然后我将家委会的三位主要成员以及小周家长约到办公室交流，我只是作为旁听者。

"小周家长，学校和班主任梁老师都要求孩子们课间不能疯跑打闹。学校在开学初还组织我们家长签订过《安全承诺书》，要求家长也要经常教育孩子在校期间不能疯跑打闹。"家委会李主任首先发言，她拿出了小周家长签字的《安全承诺书》，"作为家长，我们也要反思，是否经常教育孩子在校园里不能疯跑打闹？在安全教育方面，是否也有教育不到位的地方？再说，孩子是在与别的孩子疯闹过程中无意间受的伤，并不是小王故意去伤害你的孩子，所以两个孩子都有责任。如果让小王家长承担所有费用似乎欠公平啊！我们建议，你和小王家长分别承担30%和70%的医疗费用。"李主任语气婉转轻松，面带笑容。

"哎……那也是……"拿着《安全承诺书》的小周家长显然语气柔和了许多，已经没有了刚来时的强硬态度。

李主任好像知道他还想要求小王家长赔偿误工费、营养费、精神损失费等，便进一步说："小周家长，我也是孩子的家长，是受梁老师委托对医药费用纠纷进行调解。我听梁老师介绍，伤害发生后，小王家长多次带着牛奶、水果等去医院看望你的孩子，并且三番五次向梁老师询问孩子伤情恢复情况，可见小王家长一直在关心着你的孩子。至于误工费、营养费、精神损失费等，这是一个算不清楚的费用。最重要的是，孩子们还要在一起上学六年，他们之间还有着深厚的同学情。同学情不是金钱所能衡量的，我们要为孩子着想，不要让孩子因为大人之间的这点钱闹得生分，咱家庭也不缺这些钱啊！你们要真有困难，我愿意号召家委会成员为你们募捐筹款。"李主任不愧是供电公司的部门负责人，说话时心平气和，语重心长。

"嗯，李主任说哪儿去了。事情已经发生了，我们也不是心疼那几千块钱。关键是我的孩子受到了伤害，忍受了疼痛，还耽误了学习，这落下的功课可怎么办啊……"小周家长显然觉得平不了这口气。

"孩子是经受了疼痛，但也得到了血的教训。要真能让'安全'在孩子的脑海里生根开花，这个教训也值啊！"李主任的话题一直围绕着孩子的成长安全，"至于落下的课程，梁老师已经告诉我，他将和数学张老师利用上午或下午放学后的时间，轮流给孩子补课，绝不会收孩子一分钱。"

"那……太感谢老师们了!"小周家长连声道谢,显然我给孩子补课的承诺解决了家长最大的困扰,"行,就按家委会的协调方案办。"

我松了一口气。送走小周家长,我请小王家长来学校,并请几位家委会成员继续做小王家长的调解工作。

小王家长听了李主任的调解方案,觉得很冤枉,对要掏4200元钱不乐意。

李主任还是从孩子开始谈起:"小王家长,梁老师对我说,你是一个通情达理的家长,平日里对班级工作都大力支持,孩子在你的教育影响下,讲礼貌,懂事理,聪明可爱。虽然你的孩子是无意中伤害了小周,但我们将心比心,如果今天是你的孩子受伤了,你是心疼孩子还是心疼钱?你应该庆幸,受伤的不是你的孩子,你只是花了点钱……"

"小周不仅承受了痛苦,还耽误了近两个月的学习时间,小周家长为照顾孩子也耽误了不少工作和休息时间,这些损失他都非常大度地没跟你细算。而你的孩子却能平平安安地坐在教室学习……"家委会成员胡家长插话说。

"这次事件之后,你也要加强对孩子的安全教育。同时告诉他,因为他没有听从学校老师的教育,伤害了别的同学,就需要承担后果,那就是将买玩具的钱赔偿给小周。"家委会成员小李家长也在一旁做着小王家长的思想工作。

……

家委会三位成员你一言我一语,我也不失时机地补充一两句。小王家长由开始的沉默不语到后来的频频点头,最后答应下午就将赔偿的钱亲自送到我的手上,并且保证以后加强对孩子的安全教育。

前后的调解过程进行了近两个小时。送走了家委会三位成员,我长舒一口气。求助家委会,不需要陪着学生家长说破嘴皮地"讨价还价",成功避免了安全伤害赔偿纠纷的恶化。让班级生态系统中的家委会成为班级安全教育工作的重要同盟军,在安全事故不可避免地发生之后,在家长之间或家校之间发生纠纷冲突时,站在中立的立场做一些调解工作,更容易让家长们接受，同时也分担了班主任和学校的安全责任压力，是一种值得探索的好思路、好方法。

（梁远雄，湖北省襄阳市第三十九中学；
郑付香，湖北省襄阳市襄州区第二中学）

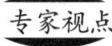

应对安全问题的原则和技能

调查显示，造成班主任工作负担过重的原因，首要的不是工作量有多大，而是以安全问题为核心的心理负担过重。笔者曾参与多个班主任工作座谈会，大家谈到负担问题时，非常一致的看法是：如果在教育学生方面多付出一些时间和精力并不觉得有什么压力，有时看到学生因自己的付出而发生良好变化反倒内心感到非常幸福；压力主要来自学生安全问题。一是上级要求太高，只要本班学生出了事，无论事故出在哪里，一律要"班主任负主要责任"；二是家长太过护短，不管孩子在学校因为什么缘由出了事故，家长首先找班主任问责甚至闹事。这种情况的普遍存在，既与当前社会普遍存在的诚信问题有着密切关联，也与学校和班主任在安全问题方面缺乏理性认识和应对经验不无关系。

一 安全问题的定义

班级或学校出现的安全问题，从学术研究或理性认识的角度说，通常均可称之为"危机"。"危"者，指出现了危险事态，就学生而言，轻者指受到某种伤害，重者则生命安全受到威胁。"机"者，指事态存在好转的机会。"安全"是口语化的"危机","危机"是理论化的"安全"。学术界对危机的界定同样适用于班主任对安全的理解。"危机"包括三方面含义：一是个人用常规手段不能解决或不可克服的困难事态；二是事故只是一次性发生而非长时间存在；三是引起个人精神错乱的危险事态。

在学校或班级管理过程中，"安全教育"常常被忽视有多种原因，其中必有的一个重要原因是未能很好地认识"安全问题"的本质是"危机"问题。一方面，危机问题并不会因为我们组织开展了安全教育活动就不会发生；另一方面，危机问题也并非只是"危险"，只是"痛苦"，它同时也是教育的"机会"，教师和学生都能在危机处理过程中获得生存和生命安全的宝贵体验。

安全问题的类型

在学校可能发生的危机问题种类繁多，专门研究中存在各种分类的方式。例如，有按问题轻重性质划分类别的，从破坏教室（学校）的教学设施设备一直到出现死亡事件；有按问题涉及人数多寡分类的，从个人问题一直到群体事件；有按社会影响性质分类的，从限于班内一直到引起社会舆论；等等。从班主任工作特点和责任范围来划分安全问题的类型，更有利于班主任理解和处理问题。

第一类是学生个人层面的安全问题，包括逃学、离家出走、性侵、虐待、交通事故、生病、自杀等。这类问题通常不会涉及更多学生，处理时应尽量将范围限定在个人层面。

第二类是班级或学校层面的安全问题，包括校园欺凌、罢课或集体哄老师、校内暴力、校内事故、食物中毒等。这类问题通常是由班内或校内同学间或师生间的各种矛盾引发的，处理时应尽量先处理事件本身，而后迅速分析事件根源，以彻底消除安全隐患。

第三类是社区或社会层面的安全问题，包括自然灾害（水灾、火灾、震灾）、人为灾害事件（放火）、绑架、诱拐、暴力事件、网络欺凌、家长或其他人员冲击学校等。这类问题通常不完全是班级或学校自身的问题但发生在班级或学校，处理时应及时通知公安机关等相关社会责任机构协助处置。

三 安全问题处置阶段

谁都不愿意学生出现任何事故，但谁都无法避免学生可能出现任何事故。问题在于：第一，如何尽可能不出或少出事故；第二，一旦出现任何事故，学校和班主任如何理性、机智地应对；第三，紧急处理事故之后，还有哪些工作需要持续完善。这是学校和班主任理性认识和妥善处置学生安全问题的三个主要阶段划分。

第一阶段属于预防阶段。通常学校所开展的安全教育活动、防灾演习活动、心理辅导活动等都属于这一阶段应认真做好的工作。预防教育的内容包括知识、技能、反应和预案。知识指生理、心理、防灾、防暴等方面的必要知识。技能指自我保护、同伴救护、观察分析等方面的技术。反应指对安全事件能够做出迅速、准确判断并决定采取措施的能力。预案指班级和学校为应对所有可能发生的安全事件所做出的应对制度、机制、措施及其启动方式等的方案。在印度洋海啸中，英国一名十岁女孩蒂莉·史密斯凭借老师讲过的海啸到来前兆的知识，及时发现了大海的异常反应，让正在海滩休假的人们迅速撤向高处，避免了许多人被海啸吞噬。预防教育做得到位，可有效减少安全问题的发生，减轻安全问题所带来的危害。

第二阶段属于应对阶段。预防是必要的，但"安全事故零发生"的说法，只可当口号，不可当事实。班主任应随时通过对预案的预习，应对可能发生的安全问题。一旦发生安全问题，班主任应首先把受害学生带离现场，然后根据预案迅速判断问题的属性，采取相应处置措施。

第三阶段属于善后阶段。依据安全事故的性质分别通知相应机构及其人员到场进行处理后，班主任要做的善后事项通常包括受害学生（以及加害学生）的心理辅导、向家长的详细说明、向学校及社会相应机构的详细报告。作为班主任，还要考虑将事件纳入课程或班会主题之中，引导学生以"同理心"进行"体验式"讨论，变"危"为"机"，提升大家的防灾、防患知识和技能。

四 安全问题处置原则

与安全问题的三阶段划分对应，每位班主任都应清楚地认识并牢记处理安全事故的三条基本原则。

第一，安全教育常抓不懈，防范训练定期开展。

第二，确保学生生命安全，迅速启动应急预案。

第三，尽快恢复班级秩序，开展善后心理辅导。

第一个原则与安全问题处置的第一阶段相对应，重点在做好日常预防教育活动。第二个原则与安全问题处置的第二阶段相对应，重点在迅速介入事件，保护学生身体和生命安全，并防止发生二次伤害。第三个原则与安全问题处置的第三阶段相对应，重点在平复学生及家长的焦躁情绪，恢复班级正常教学秩序，并通报各科任老师，将事件平滑地纳入课程之中，引导大家吸取教训，增长生活和生存智慧。

（耿申，北京教育科学研究院编审）

难以承受的生命之重
——班主任何以承担安全责任

在当代中国的班级建设中，"安全第一"成为很多班主任面临的头等大事，似乎没有什么比班级安全更重要的了。家长将孩子的安全委托给班主任，学校将班级的安全交给班主任，社会舆论将未成年人的安全责任转移给班主任……，于是，班主任在无形中承担了越来越多的安全责任。一旦班级安全出了问题，班主任不仅要深刻反思班级教育管理工作，而且更要面对来自家长、学校以及社会舆论等多方压力。那么，这种难以承受的生命之重是如何落到班主任身上的？班主任又何以承担起这副重担？对这方面问题的有效回应，需要我们将目光重新转向班主任，对班主任承担班级安全责任的难度与出路进行理论探讨。

一 共建良性的教育生态：班主任承担安全责任的道义支持

学校教育中的各类安全问题始终受到国家和社会的高度重视，班主任在其中扮演着十分重要的角色。《国家中长期教育改革和发展规划纲要（2010—2020年）》指出：要"重视安全教育""提高学生综合素质""实施中小学校舍安全工程""加强师生安全教育和学校安全管理，提高预防灾害、应急避险和防范违法犯罪活动的能力"……，这么多条政策性意见从不同维度直指学校教育的安全问题。校舍的安全为学生提供了空间的安全感，提高应急避险、防范违法犯罪的能力，为学生的安全成长提供了重要路径。然而，除了这些显性的安全问题，还有很多隐性的安全问题值得探讨。例如，班级能否为学生的成长提供安全的心理环境？一旦出现安全隐患谁能第一时间发现？在现实的学校教育生活中，班主任成为承担这些安全问题的"第一责任人"，而班主任担负起这一重要责任又必须基于一种良性的教育生态，赢得道义上的支持。

人、教育与环境彼此相连，共同建构成一个处于矛盾运动状态的生态系统。而作为教育生态系统的主体，无论是教育者还是受教育者，都要努力实现自身与环境之间的"平衡—不平衡—新的平衡"的动态运行。良性的教育生态就是要积极防范人与环境之间的失衡以及系统性风险的发生。作为教育生态中的一个节点，班主任所处的位置恰恰是影响学校育人共识的关键，学校、家庭与社会等不同教育生态因素均需要借助班主任的尽职尽责来实现。因此，班主任所面临的教育生态具备良性生长的特征，成为班主任承担安全责任的重要支撑。班主任承担班级安全责任就是要在学校教育的宏观生态系统中寻找促进班级健康发展的价值指向和具体操作方案。这就需要从整个教育生态的角度聚焦班主任工作，从道义上关注、理解并支持班主任。而这不仅是有道德的教育行为表现，而且是学校教育共识的凝聚、达成的动态过程，也是实现良性教育生态的重要环节。2015年6月，贵州省毕节市四名留守儿童在家中死亡的事件引起了社会各界的高度关注。其中，很多新闻媒体将矛头直指班主任，认为班主任没有及时发现留守儿童的安全隐患，间接导致了恶性事件的发生。实际上，班主任早已发现这一事件的苗头，并进行了积极预防，但是班主任难以包揽学生安全的全部责任。社会舆论的关注无疑将班主任置于整个教育生态的末端，而班主任所遭遇的现实处境理应得到正义的伸张。从这个角度来说，学校、家庭与社会理应共同为班主任勇于承担班级安全责任、善于化解班级安全风险、敢于排查班级安全隐患建构起良性的教育生态，这种道义上的支持是对班主任承担安全责任最大的支持。

建构责任共同体：分解班主任安全责任的有效出路

班主任一个人担负起班级安全的重压，显然难以承受。而如果将班级安全的责任分解给不同的主体，共同担负起班级安全的主体责任，进而打造一个有机的责任共同体，无疑是分解班主任安全责任的有效出路。

其一，学校应担负起保障班级安全的主体责任，切实强化为班主任分忧解难的职责。当前很多中小学校往往从不同角度约束着班主任的班级管理行为，并在很多细节上规制着班主任的主动作为，甚至将班主任置于"无罪定责"的弱势样态——"出了事班主任要自己负责""学校已经交代清楚了，谁的错谁负责"……，这些话语充分表明学校（尤其是作为"学校代言人"的校长或副校长、主任、处长等）没有从教师的立场言说责任的行为习惯，更没有从根本上顾及学生的身心成长，而是更关心学校作为一个社会"微系统"的规范化建构。显然，这不是一种道义上对班主任承担责任的支持与关怀，而班主任履行班级安全责任恰恰需要来自学校的保障性支持与情感关怀。学校应该为班主任承担安全责任提供"托底式"的坚定保障，允许班主任安心任职，用心带班；同时应该为班主任搭建起情感家园，关怀班主任工作的艰巨性与复杂性。

其二，家庭应担负起保障学生安全的主体责任，切实提高与班主任协同育人的能力。家庭教育是孩子成长的"第一教育"，家庭对孩子安全的顾虑始终存在，尤其是在少子化、独子化时代，过度溺爱、偏宠等不良家教习惯深深地影响了学生的健康成长，也往往带来对班主任的不信任感。学生一天中的大部分时间是在班级中度过的，班级安全成为教师和家长共同关注的话题。而不信任感的增强无疑加重了班主任的压力，家长对班主任能否担负起保障学生安全职责的疑虑，对班主任失去信心和信任，也很容易成为家庭与学校关系裂痕的起点。家长应在保障班级安全的责任中主动担负起学生个体的安全责任，在配合班主任的系统性班级建设过程中加强家校合作，共同提高与班主任协同育人的能力。

其三，社会应担负起推动班级安全建设的主体责任，切实增强班主任履职的舆论引导。近些年来，班主任收红包、组织课外辅导班、接受学生家长邀请等一系列负面新闻降低了班主任的社会美誉度，关于班主任的教育事件往往成为社会关注的焦点。在当前的教育发展过程中，政府、社区在履行教育责任时更多地关注对学校物质性的投入，如校舍安全、学校财务安全等，而对于班级安全这样管理类的问题关注不够，甚至理所当然地认为这是学校尤其是班主任的责任；一旦出现了安全问题，班主任首当其冲受到追责。实际上，班级安全作为影响未来社会建设者的重大问题，全社会都应担负起推动班级安全建设的重要责任。特别是政府，在投入大量设施装备的同时更应关心学校的整体性建设，切实增强舆论引导，为班主任承担班级安全提供有利的社会氛围。

班主任遭遇成长困境怎么办?

三 从责任制转向民主化:转变班级安全责任归属的方法论

班主任之所以难以承担班级安全的重任,很大程度上在于班主任始终沿袭着传统的"责任包保制",在内外因素的综合作用下理所当然地认为班级安全责任归属班主任,而实际上,民主化班级建设才是现代班级发展的重要目标,班主任应重新体认自身在班级建设中的身份与角色。转变班级安全责任归属,一个核心的方法论就是要从责任制转向民主化。

"世界上只有两种动物爬窗户,一种是壁虎,另一种是班主任。"这则笑话其实也在表明,班主任总是从不同角度关注学生的成长,班级安全问题又始终是最为重要的问题。"就怕出啥事""很担心出现意外"成为很多班主任的心里话。而这种担心在民主化的班级建设中正发生一定的转变——班主任与学校之间不应是简单的契约关系,而是共同担负起班级安全的一体关系,学校应成为尊重班主任工作、保障班级安全的守护者;班主任与家长之间不应是简单的对应关系,而是共同承担起促进班级安全的合作关系,家长应成为支持班主任劳动、促进班级安全的协同者;班主任与学生之间不应是简单的"管"与"被管"的关系,而是一种走向民主化的师生关系,班主任与学生共同承担起班级安全的重任。因此,依据这种方法论,班主任能够从独自承担班级安全的职责转向责任共同体。在此基础上,进一步促进教育生态的改善,才能为班主任承担班级安全责任减压。

(张聪,东北师范大学教育学部副教授)

8 学习优秀班主任经验效果不佳，怎么办？

探因：经验为何不可复制

仿"优"失败后的反思

进入初三，学生和老师纷纷向我反映，小佳和小丽在谈恋爱。其实在此之前我也看到过两人放学后一起骑车回家，但我觉得这是同学间的正常交往。直到一次课间看到两人在班里公然拉手，我才确信无疑。

记得曾在书上看到过一个优秀班主任处理类似事件的方法：分别把两个学生叫到外边，以散步的方式和他们边走边谈心，然后触景生情，告诉他们青涩的果子是不能摘的，只有成熟了，才最美丽。后来这两个学生悔悟了、羞愧了，于是结束了恋爱关系。

我想，我可以试试这种方法，因为小佳和小丽都是懂事的孩子，尤其是小丽，平时很听话，学习成绩也不错。于是我分别找两个人谈话，从上学的目的讲到老师和家长的希望，从两人的行为对班级的影响再说到升入高一级学校后的视野开阔、品位提高，当然也提到了"青涩的果子是不能摘的"。在我苦口婆心的劝说后，两个人都表示要好好学习，不再和对方交往了。当时我还自鸣得意，觉得"优秀班主任"就是优秀，方法真管用。

可还没高兴几天，我就又发现了坏苗头：自习课上，小佳总是和同学换桌挨着小丽，两人又笑又闹，弄得班里纪律很乱；有老师跟我说，有一次他批评小佳，小丽就给他甩脸子、发脾气。在他们的带动下，一些原来就经常违反纪律的学生又开始"蠢蠢欲动"了。

同样的问题，同样的方法，我为什么会失败呢？我想出了以下几方面的原因。

原因一：学生情况不同

不同的学生有不同的特点。有的学生虽然也违反纪律，但心中始终会有一个明确的目标，分得清哪头轻、哪头重，所以会始终把学习放在第一位。在这种情况下，老师的劝勉鼓励就会更坚定其信心。而有的学生比较率性随意，只顾眼前高兴就行，不考虑长远发展，或者缺乏自制力，所以才会把老师的话当成"耳边风"。

原因二：老师情况不同

有的老师治理班级以严厉见长，那威严的面孔本身就会对犯错误的学生起到震慑作用。我也很想这样治理班级，可是生就矮小的个子和温和的脾气，使学生在我面前根本就"无畏"。幸而我摸索到了更适合自己的治理班级的途径，那就是依靠勤劳、对学生的关爱及丰厚的学识。

原因三：班级风气不同

一个班级如果有积极向上、刻苦努力的良好班风，那么少数学生犯错后必然会受到同学的谴责，他们自己也会为这种行为感到羞愧。相反，如果没有好的班风，其他学生对他们羡慕甚至效仿，那就会对这种行为起到推波助澜的作用。可惜我们班一直没有形成好的班风，导致小佳和小丽的行为不但没有得到制止，反而带动其他学生加入违纪的行列。

从这件事中，我认识到，优秀班主任的治班经验并不是放之四海而皆准的真理，外界条件改变了，我们自己的方法、措施也要改变，否则只会落个可笑的结局。当然，我们也不能把优秀班主任的经验全盘否定，而应把这些经验作为行动的向导、指南，并在自身的实践中不断探索、改进，摸索出一套适合自己班级的方法，那时我们离"优秀"也就不远了。

（位静，河北省辛集市南吕村中学）

案例

学习魏书生后的尴尬

刚参加工作不久,我偶然间读到魏书生老师的《如何当好班主任》一书,顿时欣喜若狂,利用暑假认真研读了一番。

通过学习,我发现自己以往的工作方法存在许多不足,而魏老师的很多做法对我启发很大,如值日班长制度;犯错误写说明书制度;班级每个角落、每件大小事都有一个学生具体负责,责任落实到个人,做到人人有事做,事事有人做;每日黑板上写一句名人名言;坚持让学生写"道德长跑"日记……。我决心好好借鉴魏老师的这些科学的管理方法。

新学期我接了个初一新班。还没正式上课,我就把自己关在书房中,废寝忘食地制定一项项规章制度,对每个学生都进行了分工。我将这些规章制度在班上宣读后贴到墙上,与此同时,又根据自己的感觉,任命了临时班委,也将名单贴在墙上,并让学生按照学号轮流担任值日班长。

没想到,我的学习不仅没给班级带来多少好的变化,反而给我带来了很多尴尬,甚至是痛苦。

尴尬一:岗位分工难以施行。全班六十二个学生,虽然每人都被分配了具体负责的事务,但就连我自己都难以记清哪个学生该负责哪项事务,监督检查无从谈起。我给学生的分工也"冷热不均",有的学生天天、时时有事做,有的学生一周下来都不知道要做什么。

尴尬二:班干部工作不力。纪律委员带头违反纪律;班长不仅不尽职尽责,还和同学吵架,甚至打击报复;有的班干部竟然什么事都不做……,这些让我既生气又无可奈何。后来,有的班干部竟然干脆辞职不干了。

尴尬三:值日班长制度无法推行。值日班长日志流于形式,值日班长怕得罪人,班上出现上课说话、迟到等问题,都不敢把违纪者及其行为记录下来,更有甚者,违纪者竟然把日志本给撕了。一段时间后,值日班长制度名存实亡。

面对这些尴尬局面，经过痛苦的反思，我认识到：（1）学习魏书生老师之所以失败，首先在于自己的照搬照抄。不考虑学生实际，不了解学生想法，而是一厢情愿地去做，得不到大多数学生的拥护和支持，没有真正调动学生管理自己和班级的积极性。（2）学习魏书生老师，必须和本班学生、本校本地区教师工作的常规方法相结合，对原有的一些好方法不能全盘抛弃，否则会造成新的方法贯彻不了，原有的好方法又荒废了。（3）学习魏书生老师，必须充分发挥学生的民主权利，不可包办代替，否则一些制度就难以施行。（4）要真正深入地认识和理解魏书生老师的班主任工作思想，并身体力行地去做。如果只学了一点肤浅的东西，就以为找到了放之四海而皆准的班主任工作法宝，简单模仿、照搬照抄，其结果只能是失败。（5）我们要不断实践、反思、完善自己的班级管理方法，不能墨守成规。只有善于反思，善于总结，方能成长、成熟和超越。

（高荣，贵州省罗甸县边阳中学）

求解：向优秀班主任学什么

寻找"优秀"的共性

优秀班主任的管理模式或教育方法都是风格迥异的，都会打上明显的个人烙印。如果让李镇西像魏书生那样去管理班级，肯定是不行的，反之亦然。因此，与其学某个优秀班主任的具体做法，不如找出优秀班主任的共性加以学习，这样可能更有利于自身成长。

那么，优秀班主任们有哪些共性呢？细细研究，无外乎以下几个方面。

班主任遭遇成长困境怎么办?

爱教育

班主任的价值就是通过对学生施以恰当的教育而体现的,而这,如果没有一颗爱教育的心是很难做到的。因此,任何一名优秀班主任,必然有热爱教育的情怀。可以说,在他们的成长历程中,爱教育这一因素发挥了重要作用。如果没有这种情感,有谁能做到几十年如一日,将班主任这份非常琐碎的工作做得如此有滋有味?又有谁能够几十年如一日地研究学生、反思教育、提升自己?

这个世界永远不会缺乏能够消磨人的意志的事物,但我们只有像那些优秀班主任一样,将教育看成自己的使命与责任,对教育充满热情,才能真正体会到这份工作的快乐,才能不断督促自己进步,工作起来才能如鱼得水,游刃有余。

重学生

所有优秀班主任都有一个共同点——重视每一个学生,重视他们的身心健康,重视他们合理的诉求,重视他们素养的提升。否则,他们又怎能走进学生心田,与学生无障碍地沟通,引导学生健康成长?如果不关注学生的成长,他们又怎能使自己的教育教学更优化,从而在成就孩子的同时成就自己?

优秀班主任之所以能够称得上优秀,与他们重视班级中的每一个孩子有关。也只有这样,他们才能够时刻注意自己的言行,注意学习与消化最优秀的教育理念,并将之运用到自己的教育教学中去,使自己的班级管理有条不紊地进行。

真行动

一个优秀班主任同时必定是一个踏实的教育行动者。他们善于将自己的学习、反思所得运用到实践中去,再对实践的结果进行反思,感到不足或产生困惑时再进行学习。在这样实践、反思、学习,再实践、反思、学习的循环中,他们的眼界开阔了、思考深入了、理念更新了、经验丰富了,自然也就不会犯同样的错误了。那么,对于学生来说,这样的班主任当然更具有亲和力、更有魅力。

我想,也只有如那些优秀班主任般,将我们自己的学习所得、反思所得落实到行动中,在实践中提升自己,在行动中检验自己,才能让自己的所思所得有意义,并逐渐成长为一名优秀班主任。

会反思

关于教师专业成长,美国心理学家波斯纳曾归纳出"经验+反思=成长"这一公式。由此可见,反思在教师专业成长中有着多么重要的作用。如果不懂得反思,我们的工作就成了"救火"——以往的经验得不到应用,现在的做法也不能成为以后的借鉴。我们每天所遇到的问题都是"新问题",这些问题也就很难得到妥善处理。

我们只有如那些优秀班主任般,时刻注重反思自己的教育教学行为,并将这些宝贵的经验通过反思的形式积累下来,形成自己的教育风格,才能在任何情况下,都使自己的教育游刃有余。

总之,想向优秀班主任学习,让自己成为一名优秀班主任,就必须关注优秀班主任的共性。唯有这样,才能让学习成为自己进步的动力,才能在成就孩子的同时,成就自己。

(庄华涛,安徽省芜湖县陶辛镇保沙中心学校)

班主任遭遇成长困境怎么办?

向优秀班主任学什么

前段时间有幸聆听了魏书生、任小艾等从一线班主任中走出来的名家的讲座,令我受益匪浅。但我深知,向他们学习不应是简单照搬他们的做法在自己班级来一次情景重现。那么,我们究竟应该向这些优秀班主任学什么呢?

学习他们内在的教育理念与思想

学习优秀班主任,真正要学习的是他们"用心对待学生,心中有学生""敢于放手,学会倾听""把保护一个孩子的心灵视为最重要的事"等管理育人的理念。

纵观魏书生老师的班主任生涯,他始终将学生摆在主体位置上,充分发挥学生的主观能动性。他尊重每一个学生,心中时时装着学生,凡事俯下身子与学生商量,这一切,基于他"民主与科学"的基本管理观念与思想。例如,在民主方面,他树立为学生服务的思想,考虑学生的需要、能力和可接受程度;他从学生的实际出发,和学生建立互助的师生关系。同时,魏老师一直强调管理的科学化,他建立了三个系统:一是计划系统,二是监督检查系统,三是总结反馈系统。三个系统互为条件,互为结果,互相促进,让魏老师的班级管理得有声有色,孩子们在他的感染下快乐学习,高效收获。

思想决定行为,我想,学习优秀班主任也是要透过他们的做法,发现他们的教育理念并认真学习吸收,化为己用。

分析他们形成的工作方法体系

仔细研究那些优秀班主任，我发现他们都有一套自己的管理技巧与方法。例如：浙江的厉佳旭老师对诚信教育这样的主题进行了大大小小二十多次的教育活动，直到诚信深入孩子心灵，内化成品质；广东的王剑平老师收集了一千多个优秀视频，利用视频的直观性与感染力来教育学生，引领学生的精神，内化学生的思想，改变学生的行为；年轻有为的贾高见老师则采用"小活动，大德育"的教育方法，通过一些精心设计的活动来管理班级，教育与发展学生。

上述这些优秀班主任不仅都有一套班级管理的好方法，而且能持之以恒地坚持做下去，从而获得了今天的成长与成就。我们学习这些优秀班主任，就要在班级工作中融入思考，找到适合自己同时也适合所带班级特点的方法，形成体系，并坚持用心做下去。

思考他们成就优秀背后的人生轨迹

触摸优秀班主任的成长轨迹，才是学习他们的根本。从优秀班主任成长的历程中，我们可以学习他们对教育的热爱、对探索教育管理之路的执着以及他们的人生智慧。

无论魏书生、任小艾，还是其他优秀班主任，都曾因年轻气盛，缺乏经验，或缺少思考，走过不少的弯路，也发生过许多让自己至今还感到惭愧的事，或让自己现在想来不满意的事。但他们的坚持、执着和用心，最终造就了他们的成功。这成功背后的思考、钻研、探索，是我们要去学习和思考的。魏书生老师每天坚持写教育日记，至今已有几十年。这是怎样的一种坚韧？这样的人不成功，谁又能取得成功呢？

学习优秀主任，关键在于静下心来，深入思考，与他们进行心灵的对话。这便要求我们去掉浮躁的心态，平心静气地做教育，多读、多听、多看、多思、多行，善于向他人学习，乐于钻研，勤于动笔，不断丰富自己的知识储备，并从中找到人生的乐趣。

如此，即便成不了优秀班主任，又何妨呢？

（单琼，广东省深圳市龙华新区民治小学）

寻径：怎样向优秀班主任学习

必须学、可以学与不可学

向优秀班主任学习，切忌眉毛胡子一把抓，亦步亦趋，这样的学习只是模拟其"形"，很难领会其"神"。即使碰巧取得暂时的成功，也很难有持久的效果，并且不能形成自己的工作特色。

向优秀班主任学习，必须弄清哪些"必须学"，哪些"可以学"，哪些"不可学"。

必须学的

优秀班主任身上一些共性的东西是必须要学的。一是待生如子的爱心。拥有爱心是做好班主任工作的前提，没有爱的教育，不能称之为教育，即使在升学率上取得成功，离一名合格的班主任也只会越来越远。二是尽职尽责的工作态度。尽职尽责是做好班主任工作的重要保证，因为处于成长期的孩子可能出现各种问题，需要班主任兢兢业业地工作。三是科学与民主的精神。科学与民主的精神是保证学生健康成长的必要条件，因为教育的真正目标是培养合格的公民和有幸福感的人，班主任必须用科学与民主的思想引领学生成长，否则就会在应试的重压下迷失方向，以教育的名义做一些违背教育的事。另外，优秀班主任大多心胸宽广，志存高远，富有理想主义的激情，这些我们也必须要学。

可以学的

优秀班主任的一些成功做法我们可以学。这些东西是经过实践检验，在某些条件下能够取得一定效果的。比如以文化立班，重视班级文化建设，让学生在文化的熏陶下成长；重视活动的教化功能，经常组织一些文体活动，让学生在活动中成长。还有不少优秀班主任让学生进行自主管理，实行小组互助式管理，使学生得到锻炼。这些都是可以学的。

不可学的

优秀班主任的管理理念是必须要学的，这是"道"的层面。没有正确思想指导，我们很难走得更远。优秀班主任的管理方法是可以学的，这是"技"的层面。但是，如何落实这些理念和运用这些方法，就不仅是学的问题了，还涉及"悟"的问题。

每个人的脾气秉性不一样，相同的话从不同的人口中讲出来，其效果也不一样；相同的管理方法，通过不同的人运用，其效果自然也不一样。这就要求我们做个有心人，用心去悟。把自己的想法，通过恰当的言语传递给学生，让学生接受，并且能让学生感受到老师这样做的目的。这种落实理念与方法的过程，是不可学的，只能靠我们自己去悟。

正确的理念是思想保证，科学的方法是行动指南，落实的过程是千变万化的具体工作细节。当我们学习优秀班主任的效果不好时，可以反躬自问：我是怎么向优秀班主任学的？是理念缺失，方法不好，还是落实过程有问题？明确了问题，再改正时就容易了。

（张俊，安徽省无为县襄安中学）

班主任遭遇成长困境怎么办?

案例

细节入手取"真经"

多年来,我校有个传统,新教师要做班主任,得先拜师取经学艺,由结对的老班主任来"保驾护航"。于是,我就拜张老师为师了。

张老师工作经验丰富,善于调动学生的积极性实行班级自主管理,成效显著。他为人豁达热情,富有正义感,喜欢运动,性格与我非常相似。张老师带一班,我带二班。我的一举一动皆以张老师的言行为标准,几乎每次班务都是先学后上,每个问题都是先请教再处理。我们俩坦诚相待、相得益彰,一时间我沉浸在刚参加工作的热情之中。

可是一段时间下来,我发现自己在实际工作效果上与张老师相比还是有差距。比如课间操跑操,一班能够做到集合迅速,口号响亮,步伐整齐;我班虽然表面看没啥两样,但在"快、静、齐"上有较大的欠缺。自习纪律方面,一班教室内非常安静,全班学生都能集中精力,自习效率很高;而我们班不时有个别学生叽叽喳喳。再说宿舍内务方面,一班是生活用品整齐统一、干净清洁,宿舍文明搞得有声有色;我们班却是表面光鲜,其实卫生死角很多。一个月下来,级部考核,一班是第一,二班是倒数第五。同样是自主管理,我俩的工作效果怎么差距这么大呢?

我带着疑问向张老师请教,张老师的话语意味深长:"学生自主管理不等于自由随便,老师放权不等于放任不管。"

静下心来,我仔细琢磨张老师的话,回想看到的张老师的工作过程,终于发现,张老师很注意工作细节:课间操跑得好,关键在于体育委员指挥得当,而张老师为培训体育委员就用了一周时间;我却只是随口一说,没有认真指导。自习纪律方面,一班有严格的奖惩措施,都写在《班级公约》里,班委成员以身作则;我虽然是"如法炮制",却没有好好监督,将管理落到实处。宿舍内务方面,张老师曾开过两次现场会,在班内大力实施宿舍文明"样板工程";我却只是随口一说,落实不到位。扪心自问,都是因为我经验欠缺,只学表面,自以为是,没有把工作落到实处。

我终于明白,要想真正做好班主任工作,学到优秀班主任的真功夫,就要在平时细心观察,潜心修炼,真心求教;工作上也要从细节入手。我坚信,只要"咬定青山不放松",总有一天我也会成长为像张老师那样优秀的班主任。

(刘姿爽,山东省淄博市桓台第二中学)

经验不是孤立的,学会在融会中运用

优秀班主任的经验是一种启迪,学习时要用心思考,运用时要据实创新,同时我们还要不断学习教育学、心理学的理论知识。当我们拥有了一定的理论素养时,对优秀班主任的经验就会领悟得更深刻、运用得更灵活。

刚参加工作那几年,我曾经满怀崇敬之心去学习优秀班主任的经验,研读过李镇西老师的教育著作,学习过郑学志老师的治班新招……,也曾经向身边的李老师、王老师等优秀班主任学习过经验。当我满心欢喜地带着满满的收获去实践时,结果却令我很困惑:优秀班主任们那么好的方法,怎么挪用到我的教育实践中却失灵了呢?是那些优秀班主任夸夸其谈,还是我的学生顽固不化?我不知道自己该相信谁、该怎么做了。

带着这些困惑,我想起了读师范时老师的谆谆告诫:一切有效的教育方法都离不开教育学、心理学的基础,于是我又翻开了那些被冷落了好久的教育学、心理学书籍,慢慢地读起来。一段时间后,我发现:有了实践的体会再来读这类书,思考和以前大不相同,学生时代觉得很枯燥的东西,现在联系实际似乎能看到这些理论的影子。我突然意识到:这些影子其实在那些优秀班主任的经验书籍中也看到过,原来那些经验不是孤立的。我终于明白：任何一种教育方法的生成都源于诸多因素的融合，很多时候，处理教育问题并不是一种方法的单独运用，而是多种方法的有机整合，或者可以说不仅仅是方法，而是班主任的素养、教育理念、个人独特风格的融合。

我学习优秀班主任经验效果不佳，是因为我学习时只注重了方法的操作层面，而忽略了方法背后的理念支撑和多年班主任工作的思想积淀，也忽略了自己和优秀班主任能力素养的差距。我没有思考优秀班主任为什么这样做，只是学习怎样做；我忽视了个人的能力、风格，就像拿着书法家的笔却怎么也写不出和书法家一样的字。

有了上面的思考之后，我再学习优秀班主任经验时，不再只关注方法了，而是更关注优秀班主任经验生成的过程，思考他们的理念。同时，我也开始试着确立自己的教育理念。我深深地认识到：有了理念的指导，我心中所思考的问题就宽泛起来，我不再只把眼光停留在解决教育问题本身，更多的教育情感也涌入了我的内心，我内心的急躁、对学生出现问题时的抱怨也变得越来越少。我能够有耐心地观察学生的行为，能够站在不同角度揣摩学生的心理，不知不觉中我将向优秀班主任学来的方法加以改造，使它更适合我的实际情况。这时我惊喜地发现：学习优秀班主任的经验使我的脚步变得更加轻盈。原来不是优秀班主任夸夸其谈，也不是我的学生顽固不化，而是我学习的方法不对。

接下来的日子里，我一边学习优秀班主任的经验，一边学习教育理论知识，一边在实践中灵活创造性地运用所学的经验和知识解决教育问题，我的教育生活也变得有滋有味了。

（赵春梅，吉林省蛟河市庆岭镇庆岭金城小学）

案例

经验仅是我们的"参考书"

教学参考书，是备课的指南针，每位教师都在参考的基础上，发挥自己的创新能力，调整、设计出与众不同的教案。实践告诉我，优秀班主任的经验也是一本本"管理参考书"，"书"中讲述的管理技巧，也需要我们在参考的同时加以调整和创新。

新接的班中有个叫小聪的学生真令我头痛——老师讲课时，他左戳戳右拽拽；做眼保健操时，他前一个鬼脸后一声怪调；做作业时，他东瞅瞅西望望，别人完成了，他面前还是白纸一张，家庭作业就更不用提了……，找家长谈，听到的尽是叹息之声；与科任教师聊，齐声评价"一颗最硬的核桃"；问问身边同行，翻翻名家的著作，"个别谈话""配身边卫士""让他当官""找优点"等良策似乎没什么作用。

正在我束手无策时，一位医生的话让我受到了启迪——"不同的病人需要不同的配方"。我决定好好找找适合小聪的"治疗配方"。

第一节课刚下课，语文老师就把小聪带到了办公室里，不用问，又是在课堂上捣蛋了。

"今天上课他又在不停地踩身边同学的脚，提醒、警示、威吓对他来说都失效了。"语文老师一脸无奈。

"真的吗，小聪？我还打算让你当纪律班长呢。"

"当上纪律班长他们也不听我'领导'，不当！"听得出，他对上次"当官"的失败印象记忆深刻。

"你是否认真想过，他们为什么不听你'领导'呀？"

"No，no，没有……"他调皮地摇着头告诉我。在这个孩子的思想中，失败已经是无所谓的事了。

"老师帮你分析一下：平时班干部们劝导你时，你'顶风而上'，你管理他们时，他们能听吗？每一个同学都尊重优点多的小干部，咱的优点多还是少呀？"

沉默。

"少也没关系，只要你能够日日求进步，相信同学们看到后，都会为你的每一次进步点赞，给予你信任……，也就是说，只要你下定决心改变自己，同样也会成为一名优秀的班干部！"

"可是……"

"没关系，老师给你创造一次机会，但需要你先完成一项任务。"

他渴求的眼神告诉我，这颗"小核桃"的"硬壳"并不难剥。

"为自己找几条优点——至少三条，写出自己的决心书。"

"写了人家也不相信我！"

"老师做你的保证人，他们一定会相信。你可不要让老师失信呀，如果同学们连我都不相信了，老师可就玩完了。"说着我朝小聪扮了个鬼脸——经验告诉我，对性格活泼的小聪来说，玩笑的教导力度更强。

"谢谢老师！"小聪的表情由调皮转向了认真。

"努力吧！尽快把你的任务完成！"

接过这份最认真的"作业"时，我就感觉这个孩子已在改变自己了。他红着小脸问："老师，这些算是优点吗？"

"当然了，自觉擦黑板，帮同学捡起地上的书，在公交车上让座，这些都表现了你对身边人的爱心。今天班会上，老师就郑重向同学们宣布让你'任职'。能再写一份'检讨书'吗？总结自己的缺点，制订出改正计划，让同学们真切地感受到你改变自我的决心。"

"行！"

"让你的'身边卫士'小军来当你的'秘书'，帮你策划管班良策。"

魏书生老师的"找优点"以"长其善"来"救其失"、让孩子转变角色来认识自己、"配身边卫士"来提醒监督后进生这些方法，对小聪，我都用上了，而且加上了一招"找过错"，让他为自己制订进步计划。事实证明，依据孩子的个性差异，对先进经验贯通理解、交叉并用，"配出新方"，才能管理、教育好每一个孩子。

（李娟，山东省高密市第二实验小学）

案例

从学习"优秀"中找到了自己

初当班主任时,同办公室的李老师班级管理经验丰富,深得学生喜爱,让我羡慕不已。我暗下决心,一定要成为像李老师那样的优秀班主任。

通过观察,我发现李老师最大的优点就是擅长做学生的思想工作,学生上课没听懂,他会让其来办公室再耐心讲解一番;学生违纪了,他将其请到办公室寻找原因,找出解决办法……,我似乎明白了,原来李老师的方法很简单,就是请学生到办公室。

于是,我"照猫画虎"。学生上课没听懂,我将其请到办公室辅导,开始学生也是高高兴兴地来,可没过几天,他们便不来了,甚至看到我就躲;学生违纪了,我也将他们请到办公室进行教育,但结果常常是师生情绪激动,陷入争执之中,僵持不下,最终不得不请家长到校配合教育。

我为此倍感苦恼,不断追问自己:为什么李老师能办到的事,我就办不到呢?

经过深入反思,我认识到:李老师性情温和,和学生谈话时平心静气,不疾不徐,慢慢开导;而我年轻气盛、脾气暴躁,和学生说不了几句话,就开始发脾气,让学生接受不了。

知道了自身存在的问题后,我就想改,但试了几次后发现,无论我怎么克制,最后都难免动怒、发火!看来自己的性格不是一天两天能改好的,在这种情况下,学习李老师的做法无疑是纸上谈兵。怎么办?我陷入焦灼中。

一天,看到班上几个学生在打乒乓球,我兴致勃勃地加入其中。在边打球边聊天的过程中,我发现和学生的思想沟通很顺利,可能是心情愉悦的缘故,无论学生说什么,即使是批评我的话,我都能高兴地回应、坦然地接受;而学生对我的球技也佩服得不得了,还主动约我择日再战。

回到办公室,仍沉浸在兴奋中的我突然想到,我的性格确实不适合在

班主任遭遇成长困境怎么办？

办公室做学生思想工作，但在球场我却能和学生谈得很投机，甚至可以边打球边对违纪的学生吼叫："你是不是又吸烟了，能接住我 10 个球（我知道他肯定不能接住），你吸烟我不反对；接不了，那么差的身体，哪有资格吸烟，完全是在摧残自己的身体！"这些话由于是在球场上说的，学生会乐呵呵地接受，并且真的不吸烟了。再如，在与一个早恋的学生比赛长跑的过程中，我开玩笑似的就说服了他。

通过上述办法，我发现尽管我的脾气还是没改多少，但和学生的关系却越来越融洽了。我想，如果我强制自己学习李老师的做法，恐怕不仅达不到预想效果，反而会让师生关系越来越僵；而顺应自己的特长，结合自己的性格特点，一样也能达到教育学生的效果。所以学习优秀班主任的经验，必须根据自己的爱好、特长、性格、经历等，同时结合学生的能力、性格进行有的放矢地学习。

（董建华，湖北省秭归县第二高级中学）

 小贴士

学习的三重境界

我是一名爱读书、爱思考、爱积累的班主任，苏霍姆林斯基的《给教师的建议》、孙云晓老师的《真爱决定健康成长》《方法决定教育效果》等很多教育方面的书都读过。但是，我觉得学习更应该与时俱进。无论是从教育理论，还是从教育案例、教育经验等来看，《班主任》杂志都是很好的、与时俱进的教育刊物，我常年订阅，每期必读。还有一些个人博客，如李镇西老师的、陈钱林老师的等，也是很好的学习途径。下面是我在学习李镇西老师经验时得到的一些感悟。

学习中共鸣

李镇西老师在《减少"刻意的教育"》一文中说，班会比赛、演讲比赛、征文比赛、板报比赛等都是"刻意的教育"的形式。虽然有的设计成活动或游戏，较为生动和新颖，如给爸爸妈妈洗脚、农村住一个月体验生活励志教育等，教育效果较好。但是，我们现在的教育，就是太刻意了，甚至太做作了。自然而然的教育，培养的才是孩子自然而然的善心和善行。

学习至此，不禁让我产生了心灵共鸣。这是学习的第一重境界：学习中共鸣。

共鸣中反思

李老师的一席话，使我静下心来，重新审视这些令我们乐此不疲的活动。这些活动确实是演给别人看的成分居多，教育效果十分有限。尤其是最常见的、学生主持的主题班会，一般都是提前把一切安排好：主持人串词、演讲、朗诵、讲故事、小品表演……，甚至连即兴发言都提前安排好。班会课上，有任务的学生只顾准备自己的表演，无暇顾及参与和思考；没有任务的学生则是无所事事，处于神离状态。可见，这样的主题班会，纯粹是表演，还有什么教育效果可言呢？

这是学习的第二重境界：共鸣中反思。

反思中创新

于是，一个问题引起了我的思考：怎样改进班会课，才能使得"刻意的教育"向"自然的教育"转化呢？我经过认真思考得到的答案是：主题班会课应该是一个心理引导过程，老师要通过各种实例，由古及今，由远及近，充分论证所要表达的观点，并逐渐引起学生心灵的共鸣。这样的引导过程，才能拨动学生心弦，才能将"刻意的教育"转向"自然的心灵触动"。

在班会课上，老师的理论水平、语言能力、机智反应都是决定这节课效果的重要因素。班会课的重要原则就是民主性原则、不批评原则，就是要充分给予学生发表自己观点的机会，即使学生的观点有悖于你的观点，都不要批评，很多情况下学生的反应是我们无法预设的，这时才是彰显班主任魅力的时刻。这时最需要的就是老师充实的理论积淀、灵活的策略调整、机智的语言反应，及时把学生的思绪拉回到我们预设的轨道上来，从而产生心灵的共鸣。

经过这样的改进，班会课不再是表演课，而是和我们平时的文化课一样，引入自然，论证充分，深入浅出，把"预设"变为"生成"，使学生产生了心灵的震撼与共鸣，这才是一节算得上成功的班会课。

这是学习的第三重境界：反思中创新。

我们学习优秀班主任的经验，绝不是简单地照搬照抄，而应是一个学习、共鸣、反思和创新的过程。

（郑翠彩，河北省邢台市第二十五中学）

我们向优秀班主任学什么

随着班主任专业化进程的不断推进，越来越多的年轻班主任开始认识到班主任工作的重要性，逐渐从事务型班主任向专业型班主任方向发展，进而自觉不自觉地产生了向优秀班主任学习的愿望，并付诸自己的教育实践。向优秀班主任学习成为班主任自我成长的一个重要途径。这是一个可喜的变化。但是，一些人在向优秀班主任学习的过程中，往往持一种功利主义的取向，希望在短期内见到成效，因而照搬照抄一些优秀班主任的具体做法，效果却常常不佳。因此，对于一些年轻班主任而言，向优秀班主任学什么以及如何学习，成为摆在他们面前的现实而又急迫的问题。

这里，我首先做一个界定，区分一下"优秀班主任"和"名班主任"。

优秀班主任往往是在长期从事班主任工作的实践中炼成的，他们在人格上更加成熟完善，对学生的影响更加全面深远，在班主任实践智慧和人格魅力方面堪称楷模或典范。他们往往具有大家风范以及作为教育家的优秀品质，其实践经验和教育智慧是经得起时间考验的。而且，他们自身也在不断学习、不断超越自我。

同优秀班主任相比，名班主任的诞生往往具有一定的偶然性和人为性，其诞生机制本身是值得深思的。所谓名班主任，即近年来在班主任工作中做出了一些成绩，通过优秀班主任评选、班主任基本功大赛、班会活动展示等一系列活动脱颖而出，进而受到一些行政部门、媒体的关注和表彰，有一定知名度、关注度的班主任。这些名班主任往往有一些共同的特点，如大多比较年轻，在班主任工作中有一定创意，受到学生的欢迎和喜爱等。名班主任的诞生可谓班主任专业化的产物，更是近年来一些地方、学校纷纷推出的名班主任的评选政策的产物。他们中有许多人已经非常优秀，但也有很多名班主任正在成为优秀的路上，他们的经验还有待于时间的检验。

向优秀班主任学习，不可采用追风式的简单模仿，而要经过客观的分析，以审慎的态度创造性地学习运用。因为教育情境的复杂性，不同班主任面对的学生实际情况各不相同，班主任自身的个人特质、知识储备、能力结构也各不相同，不能采取简单的拿来主义的做法。所以，在探讨"向优秀班主任学什么"这一问题之前，我们必须首先明确怎样学习的问题，也就是学习的态度和立场问题。

向优秀班主任学习不是一个经验层面的简单分享，而应成为与优秀班主任的对话过程。对话不是单向度的效仿，而是批判性地吸收与借鉴。对于今天的教师而言，批判性思维的形成尤为重要。在中国现行的教育体制下，标准化的考评制度、行政命令、专家意志、媒体力量、家长因素等多方面力量综合作用于教师的成长，使得教师的批判性思维几乎丧失殆尽，教师的工作越来越沦为简单地照章办事，不折不扣地执行长官意志或行政命令，教师的独立性、创造性受到极大的消解。"考试成绩好的学校即好学校，考试成绩好的教师即好教师"的评价标准大行其道，班级管理成为学校管理机器上的一个零件。成功、高效管理背后的教育理念，以及由此评价标准形塑的教师行为往往是值得怀疑的。因此，在现行的学校管理体制下向优秀班主任学习首先应避免盲目的偶像崇拜。另外，优秀班主任可以作为班主任自我成长中的一面镜子，从他们身上，既可以发现自己的不足，同时也要发现自己的优势所在，只有这样，才能不断成长和进步。

向优秀班主任学习可从操作、观念、人格三个层面进行，进而区分为学习的三种层次或三种水平。如果以问题的方式表述，即"是什么""为什么""怎么样"的问题。从学习品质来分析，具体表现为"思""悟""行"三个要素。

班主任工作是一个实践性很强的工作，在实践过程中往往体现为大量烦琐的事务性工作。对于刚从事这一工作的年轻班主任而言，班主任工作实务的学习和操作显得尤为重要，例如，初任班主任的"三个一"：开好第一堂班会课，准备好与学生、家长的第一次见面，上好第一堂课等。因此，对于年轻班主任而言，学习优秀班主任的带班经验和具体做法往往成为第一要务。这种学习大多停留在事务性的操作层面，具体而言，就是学习优秀班主任是怎样带班的。这个学习阶段往往表现为简单模仿，向优秀班主任学习的往往是一招一式，并且大多采用拿来主义的做法，缺少自己的独立分析和创造性的运用。如果自己所带班级与优秀班主任所带班级情况比较吻合，可能会在短期内取得一定的成效；如果班级情况不一致或不相符，则效果不佳。

一些善于反思的班主任可能会提出这样的疑问：同样的做法为什么效果截然不同？进而引发自己的独立思考，是自己的做法有问题，还是方法本身值得思考？于是进入学习的第二阶段——观念层面的学习，反思优秀班主任做法背后的观念是什么，即为什么会这样做？背后的思考是什么？

班主任的教育观念、教育理念不是空洞无物的，而是具体体现在每一个教育细节中，如魏书生老师"让班上的每个孩子都有岗位"与有的老师"让班上的每个孩子都有职位"的做法，看似一字之差，背后的观念却大相径庭。"人人都有岗位"体现了全班学生对班级活动普遍的参与意识，而"人人都有职位"强化的是学生的"官本位"意识。再如有的班主任坚持每学期走访班上每个孩子的家庭，与班上每个学生谈心一次，与全班学生一起制定班规等做法，都体现了班主任"心里有学生""以学生为本"的教育观念。在此意义上，向优秀班主任学习不是操作层面的简单模仿，而是发现做法背后的原理性东西以及思想性的内涵。这样的学习意味着班主任要逐渐确立和形成自己的教育观念和教育理念，始终把全面深入地了解学生、走近学生作为自己的必修课。在此基础上，对学生作为一个发展中的、充满个体差异性的、具有无限发展潜能的完整的生命体有着充分认识；对教育的内在本质、教育教学的规律性等有着整体性的把握。即教师要树立对于教育的内在信念，形成一定的专业品质，并将终身学习作为自己的努力方向。

向优秀班主任学习的最高境界是感受、体悟优秀班主任的人格魅力。教师的人格魅力作为一种潜移默化的力量，在学生一生的发展中都发挥着不可替代的作用。优秀班主任的人格魅力是他们在长期的班主任实践中教育智慧、人生境界的结晶。人格魅力作为一个人的本色、底色,往往同一个人的人生阅历、人生境界有关,非刻意追求、人为修饰、急功近利而成,也是向优秀班主任学习时最难效仿的。为此,年轻班主任要能潜下心来,深入研究教育教学规律,将班主任工作作为一个专业以及毕生从事的事业,不断学习,用心经营。相信通过自己长期不懈的努力,一定可以达到优秀班主任的精神境界。

最后,笔者认为在此有必要专门就向"名班主任"学习这个问题提出一点想法。

近年来,在一线名班主任身上表现出一些可喜的个人品质,如对教育事业近乎痴迷的热爱,对自己理想信念的坚守,对开展班级活动始终如一的坚持,对班主任教育实践的创新意识和创新能力,对新生事物的敏感力和接受能力,以及一定的自我反思能力、不断学习进取的精神等。他们中的一些人已经形成了自己独具特色的带班风格以及明确的自我发展意识和发展能力。这些优秀的个人品质都是值得年轻班主任学习的。但是,我们也发现,一些名班主任表现出对名与利的过度追逐。在人生境界和人格魅力方面的差异正是所谓的名班主任与优秀班主任之间的差别所在。在当今日益功利化的社会,名班主任的诞生机制在"速成"了一批名班主任的同时,也使得一些人的精神世界变得日渐苍白,导致一些人身上人为包装、修饰的成分居多,更有甚者,一旦成名之后,这些人往往满足于到处做报告、介绍经验,相互鄙视与攻击,在人生舞台上上演着一幕幕形形色色的人间悲喜剧,将教育演绎成为人生的名利场。媒体的宣传、自我的标榜往往使一些人沉醉于自我的"造神运动"中,个人崇拜及自我意识膨胀,自我言说与实际行为出现极大反差,进而产生了不利的社会影响。其功利化的人生追求以及实际行为中暴露出的问题需要引起人们的反思,这也是年轻班主任在向名班主任学习过程中需要加以识别与警惕的。

当然，名班主任并不是完人，在他们身上表现出的这样或那样的人格缺陷和行为表现放在其他行业或其他人身上是可以理解的，但是教师职业的特殊性，需要我们对这样一些人格缺陷和行为偏差表现出特殊的敏感性，因为它们会潜移默化地影响学生，乃至影响学生一生的健康发展。"以人为镜以正其身"，在此意义上，名班主任作为年轻班主任成长中的一面镜子，往往具有可资借鉴与可供批判的双重意义和价值，由此也可形成班主任的批判性思维能力和鉴别能力。

（齐学红，南京师范大学道德教育研究所教授、班主任研究中心主任，江苏省教育学会班主任专业委员会理事长）

9 教育理想与现实落差很大，怎么办？

班主任遭遇成长困境怎么办?

遭 遇 落 差

——理想很丰满,现实很骨感

一位班主任的三个苦恼

从教十余年来,我一直承担班主任工作。按说,从当初的摸着石头过河到现在成长为一名市级优秀班主任,其间积累下不少班主任工作心得,班级管理更应该得心应手才是,然而事实似乎并非如此,我的工作并没有因之轻松起来,有三点苦恼一直在困扰着我。

苦恼一:孩子,我如何才能抵达你的心灵?

我们常说,要因材施教,教育要走进学生内心,贴合学生的心灵。这就要求班主任对学生有全面、准确的了解。以前,在乡村小学做班主任时,情况还好一些,一般一个学期下来,班上二三十名学生的性格、爱好、特长什么的我都可以掌握得八九不离十,班级工作也可以较好地根据学生的特点开展,班级活动更具针对性和实效性。但是自从到县城工作以后,面对班上七八十名学生,我常常有一种力不从心的感觉。说实在的,面对这样的大班,要想全面、准确地了解每个学生的情况,掌握每个学生的个性特征,实在不是一件容易的事情。许多时候,站在讲台上,面对着孩子们的眼睛,我常有一种惶惑感。有人说,好的老师用 50 种方法教育一个学生，差的老师用一种方法教育50个学生。可是，孩子，面对你们一个个个体，作为班主任，我真的洞彻了你们的内心吗？我的教育方法真的适合你们每一个人吗？

苦恼二：同事，你能把班级管理看作我们的共同工作吗？

班主任对管理学生、做好班级工作具有不可推卸的责任。但是，不可否认的是，班级的每一个教师在对学生的教育和成长方面都同样发挥着不可忽视的作用。然而，遗憾的是，当学生在课堂上闹矛盾或出现问题时，一些教师总是习惯于找班主任告状，或者干脆把问题朝班主任面前一推了事。而当我希望这些老师坐下来一起沟通、一起商谈学生的教育之道时，这些老师动辄便是一句："你是班主任，我又不是班主任？"当然，我理解这些老师有各自的苦衷和繁杂工作，但面对他们置身班外、一副事不关己的样子，我常常会感到苦恼：老师，既然我们同教一个班级，学生为什么不是我们大家的学生？班级为什么不是我们共同的班级呢？做好班级工作难道不应该有你的一份责任吗？你难道不应该为班级发展做些什么吗？

苦恼三：校长，请不要总用"某某班"好吗？

多年的班主任经历，让我深深地体会到了班主任工作的酸甜苦辣，一旦成为班主任，班主任的名字便成了这个班级的代名词。于是，纪律也好，卫生也好，德育也好，学习也好，只要有了问题，会议上便会听到校长的警示，"某某的班"怎样怎样。每每听到自己的名字被校长提及，我的心中就会有一种忐忑感：校长，作为班主任，我固然有责任和义务管理好这个班级，但是，把班级出现的所有问题都一股脑地归责于班主任，合适吗？这符合学校团队的科学管理吗？您可知道，作为班主任，面对超负荷的工作量，我们压力也很大。我们衷心期待着您能够到我们的班里面走一走，期待着您也能为我们班级的成长和发展建言献策？或者，作为校长，您能否对我们多一些放手,让我们对班级管理多一些探索和尝试?

(介红玉,河南省洛阳市新安县紫苑小学)

面 对 落 差
——给教育理想"瘦身",让现实生活"增肥"

勿让理想飘浮在空中

多年前,从师范学校刚刚毕业的我带着对教育的无限憧憬,等待着一片施展才能、实现教育理想的沃土。可现实却远不如我预想的那般美好。我被分配到一所破旧的乡村小学任教,置身于条件"古老"的教学环境,面对一位位不懂教育却很能指手画脚的家长,我叹息自己的教育理想只能在这样的环境下变成肥皂泡了。看到师范学校的同学被分配到城里花园般的学校,相比之下,我曾抱怨老天不公,叹息自己命运不好。直到有一天,一位神采奕奕的优秀教师出现在我的视野。了解她,我才明白:无论多么崇高的理想,如果只是飘浮在空中,都只能沦为空想;无论多么贫瘠的土壤,种子落地就有生根的可能。

她是相邻学校的一位教师,那所学校是纯粹的大山里的小学,条件比我们学校还差,然而她却在那里辛勤耕耘,先后获得了市级十佳优秀教师、地区级百强教师、地区级优秀班主任标兵等荣誉。当我向她请教成长的秘诀,并向她述说我的困惑时,她笑着告诉我:"把理想带入现实,你的生命才能开花。"我半信半疑，心想：我的教育理想与现实的落差如此之大，我怎么能把理想残酷地"嫁给"现实呢？这也太不般配了呀！可是，理想飘浮的日子，我觉得是那么空虚，感到碌碌无为。经历了几个夜晚的辗转反侧，我决定按她的说法去尝试一下。我开始埋头苦干，兢兢业业地工作。可是没多久，我就有些泄气了，原因是无论我如何努力，现实依旧没有什么改变，理想的影子依旧是那么遥远。

我再次愁眉苦脸地向她述说心中的苦闷，她笑着问我："你的理想到底是什么，你能否说得清楚？"一时间，我无语。我真的表达不清我的理想到底是什么。原来，我当时的理想只是一个模糊的概念，并不是一种实质性的追求，因此，我急躁、内心空虚，始终不能将理想融入行动。在她的启发下，我对自己进行了一番深刻的反省与审视，明确了自己的理想。自此，我拥有了真正的理想，并找到了理想与现实的结合点。

我的心有了真正向往的地方，我用行动去追求理想，踏实前行，不断进取。在不断超越自我的欣然中，我完全忽略了自己所处的现实。我不再觉得日子空虚，感到每天都是阳光灿烂；我也不再为琐事烦心，那只不过是我追求理想路上的小小障碍而已。在理想扎根于现实的路上，我平和、安然，享受着一次次生命拔节的幸福。我认识到：是心灵的浮躁把理想变得空虚，理想一空虚，就会抱怨现实。只有让理想落地，她才能生根、发芽、开出美丽的花。

(赵春梅，吉林省蛟河市庆岭镇庆岭金城小学)

 案例

当理想遭遇现实的寒流时

面对现实的工作环境，我也曾不止一次地感到过沮丧。我相信，与我有同样处境的人，都不免会有这样的情绪。当教育教学上有了问题时，我环顾四周，却找不到一个可以帮助、指点自己的人。并不是身边的同事不热心，而是他们根本对此不感兴趣。闲暇时分，他们宁愿讨论田里的收成或国际形势。我曾十分熟悉的陶行知在这儿没有任何影响力，我曾万分崇拜的苏霍姆林斯基在这儿也几乎无人知晓。

我为此而烦恼与痛苦，并时时幻想着如果能换个环境该多么美好，如果能有几个志趣相投的同路人该有多好。因太在意自己的内心感受，我反而忽略了自己曾经的理想。

这一切，在读到张晓风写给全世界的《我交给你们一个孩子》时有了改变。"世界啊，今天早晨，我，一个母亲，向你交出她可爱的小男孩，而你们将还我一个怎样的呢？！"读到文章结尾的这段话，我蓦然惊醒。

是啊，我面前的孩子，在他们身后，也同样有着殷切期盼着的母亲。作为教师，我的天职就是教育好他们，我的价值就在于教育好他们。我又有什么理由因自己内心的纠结而忽略他们的存在、他们的企盼呢？也许我所处的环境注定我成不了名师，也许我的努力注定不会引起众多的关注，但这又有什么关系呢？只要努力过、用心过，就足够了。至少，我眼前的这些孩子会因我的努力与用心而有所改变！

解开心结后，一切都变得明媚、清新起来。于是，我将关注的目光投向了我的孩子们。

当真的去关注他们时，我发现，他们是那么机敏、那么可爱、那么丰富、那么感性。从他们身上，我看到了自己所从事的职业的美好。

当帮孩子推荐的作文第一次出现在杂志上时，孩子是那么兴奋不已。我想，他一定感受到了前所未有的自豪与骄傲。当领着孩子第一次登上市

级演讲比赛的舞台时,孩子是那样毅然决然,我想,她知道自己创造了第一个参加市级竞赛的历史……,看到孩子们那一张张自信而阳光的小脸,我知道自己已经真的爱上了孩子、爱上了教育、爱上了教师这一称谓。

今天的我,不再一味地抱怨所处环境对我的教育理想的影响,因为我明白,脱离现实来谈理想,最终只能是幻想;埋怨现实而放弃理想,最终只能是沉沦。只有关注眼前的孩子,关注自己的教育教学,我才能体现自己的价值,获得不竭的发展动力。

我想,是花就要绽放,是草就要萌芽,是树苗就要努力向上生长。但不管是什么,前提都是扎根现实的土壤。唯有此,才能获得不竭的生长源泉。

那么,当理想遭遇现实的寒流时,就让我们挺起胸膛,努力扎根,获得动力,获得发展!

(庄华涛,安徽省芜湖县陶辛镇保沙中心学校)

行进在追梦的路上

掐指算来,走上三尺讲台也已二十余年了。和发出类似感慨的许多同行一样,我也曾有过迷茫、彷徨、苦闷,甚至一度绝望过。挣扎出痛苦的泥淖,现在的我正一身轻松地行进在追梦的路上。在此,我愿意与大家共享自己当年脱困的经验。

剖析自我

说实话,能以理智的尖刀解剖个人的内心自我定位真不是一件容易的事。这需要勇气、需要冷静、需要理性。走上了教师岗位，不管对将来的期望值有多高，我们都必须面对现实。刚刚参加工作时，我曾经无数次问自己，我是谁，我能干什么，我会干什么。夜深人静时，我会用痛彻心扉的自我解剖一次次地剖开灵魂深处的"病灶"：我出身于一个平民家庭，是父母含辛茹苦地把我拉扯成人，十年寒窗后我考上了一所师范学校，现在是一所乡村中学的语文教师，我的工作是教书育人……，但我也听到了来自心底的另一种声音：一个月七十多元的工资太低，条件太差了，学校连一间寝室都没有，大锅饭的食堂，几乎没有油水的饭菜；上初一的孩子居然达不到小学三年级的水平，辍学率惊人；家访居然需要忍受家长的冷嘲热讽……。怎么办？干，怎么干？不干，辞职后我又能干什么？我的内心经历了无数次的纠结，心乱如麻，愁肠百结。幸运的是，我看清了自己：我没有三头六臂，从政，无路；经商，无钱；务工，无力。我很平凡，一个初出茅庐的普通的乡村教师。这就是我的现实定位。

反省立志

找到自己的位置，明白自己的斤两，我开始冷静地审视面前铺开的这条路。一位名人说过，愁是一天，乐也是一天，为什么不快乐地度过每一天呢？我目前的条件是差，位置是偏低，在世人的眼里，我的身份甚至是卑微的，但我绝不自卑。目前，我可能无法改变什么，但我至少可以适应环境并通过努力去影响环境。长期的求学生活让我找到了至高无上的快乐——读书。我坚信，那里有真理，有办法，有锦囊妙计。乡村学校相对清净的生活环境给了我别人难以拥有的富余时间，我读陶行知，读叶圣陶，读魏书生，读杜威，读赞科夫……，从他们身上，我找到了人生的坐标。我如梦初醒，深刻地反省自己，当初的我之所以痛苦、迷茫，原来一切都源于个人内心的自私，我只是把工作当作了谋生的职业而非自己终身追求的事业，是我的志向太低。豁然开朗，我明白了，只有拥有雄心壮志，方可不轻言忧愁。我立下志向，我虽然平凡，但我坚决拒绝平庸。

砥砺磨炼

深刻的反省之后，我找准了自己的定位：扎根教育，绝不平庸。我始终坚信，是金子，就一定有发光的时候。桃李不言，下自成蹊。尽管现实有诸多不如人意的地方，但是这也正是我所拥有的砥砺自己的绝好的资源。我明白，只有经历风雨才有机会欣赏灿烂的彩虹。艰苦的环境也正是考验我心智的时候。在这段时期，我钻研教材，钻研教法；深入学生，指导学法；虚心请教，积累方法；切磋磨砺，渐次得法。我沉淀、思考、实验、研讨、积累……，学生参差不齐的认知能力促使我不断摸索、试验、反思、提升，简陋的教学条件逼迫我动脑、动手、发明、创造。我们师生心往一处想，劲往一处使，同心同德，共同进步。奋斗中，看到学生突飞猛进的进步，我快乐极了。回望风雨征途，那真的是一串串闪光的脚印。

美梦成真

岁月如梭，我已步入中年。现在的我，已经是一位在省级示范高中任教的语文高级教师。二十年的教学生涯带给我的是一部厚重的人生大书。现如今，我还耕耘在教书育人的园地里。回首征途，我没有后悔，从乡村中学到完全中学，再到省级示范高中，各种荣誉、各种奖励不断丰富着我理想的行囊。那是对我多年奋斗过程的一种肯定。所有的这一切，靠的是踏踏实实的努力，而不是靠牢骚满腹、指天骂地获取的。现如今，我的学生有的已成家立业、为人父母；有的已经独当一面，事业有成；当然，还有许多仍在不断进取、孜孜以求，行进在追梦的征途中。看着他们，我满怀欣慰。为师如此，夫复何求！审视自己，我兑现了自己当初的誓言：我可以平凡，但我绝不平庸！人生还长，路也正长，生命不息，追梦的脚步也不会停止。

（周永康，安徽省六安市霍邱县第一中学）

班主任遭遇成长困境怎么办?

理想,要在困境中坚持

2001年暑假,校长打来电话说让我担任新初一的班主任,我不假思索地答应了。因为当一名优秀班主任,让我的班级成为优秀班集体,一直是我的教育理想。那时,我真的高兴极了。参加工作五年一直希望当班主任的想法,即将变成现实。

我深知自己的能力和水平十分有限,要想把理想变为现实,必须加紧充电学习。记得刚参加工作时,我就听说了"魏书生"这个名字。一个民办教师出身的普通人,为什么能把班级管理得那么好?何以成为一位享誉全国的教育改革家?带着崇拜的心理和疑惑,我利用暑假时间用心阅读了《班主任工作漫谈》一书。读罢,我热血沸腾,跃跃欲试,决定在新学期运用魏老师的"遇事商量"的办法管理班级。

上任之初,班级管理思路按照原计划进行。可是,不久问题就出来了,班级干部的任用,需要我逐个商量;学生之间的小矛盾,需要我出面商量;安排值日,也要商量……,一段时间后,我陷入事无巨细的"商量"困境中,搞得身心疲惫。可是,费力还不讨好,班级管理可以说是一团糟,各种各样的不良舆论纷至沓来。学生不买我的账,常说"老师是面瓜"。家长非常有意见,有的直言不讳地说:"你是老师,还是羊倌?"领导生气地说:"你这班主任,怎么当的?"来自四面八方的压力让我喘不过气来。我彷徨,常常问自己,难道我真的不能胜任班主任工作吗?我不解,优秀班主任的经典办法,为什么到我这里就不管用啦?

回想起自己初当班主任时的冲动,"磨刀霍霍"的积极性,立下的铮铮誓言,难道通往理想之路,就此止步吗?我不甘心呀!有点倔脾气的我,下定决心一定要干下去。然而,学生问题必须寻求良策予以解决。于是,我向德高望重的省级优秀班主任徐老师求教。她听完我的诉说后,只说了一句话:"你看看鲁迅的《拿来主义》这篇文章,就会找到答案。"

读罢《拿来主义》，茅塞顿开，原来我犯了"拿来主义"的错误。魏老师在学生心目中有较高的威信，"遇事商量"是可行的民主做法；而我"初出茅庐"，哪有什么威信？没有威信，一切教育技巧和方法，都是"屠龙"之术，单靠与心智还没有成熟的初一孩子"商量"，只能把班级变得形如散沙。魏老师的管班个性特征是"商量"，而我却在学习他的经验中迷失了自我。

经过徐老师的点拨，我通过树立威信开始了新的班主任工作。我采用六种方法树立威信：用高尚的师德立威，用规范的言行壮威，用自己的才学增威，用公正的处事升威，用真心育威，用信誉取威。两个月后，我的威信大增，班级情况大为改观，各方面的评价也逐渐好转。我采用新的班级管理办法是：威信＋商量＝"懒"班主任。班级干部的选用，采用申报—竞聘—考察—任用的程序，由"秘书处"执行，我"懒"得一一过问；学生之间的小矛盾，由学生"商量"后，自行解决，增强了他们的自我管理能力，我"懒"得处理；至于值日等日常管理问题，由班级干部"商量"解决，我"懒"得事事亲自出面……

"懒"出成绩，"懒"出效果。我所带的班级第一年获得校优秀班级，第二年成为镇优秀班级，以后每年都是县优秀班级，而我自然而然轻轻松松地成为优秀班主任。

我想，一名班主任必须有自己的教育理想，因为它是我们前进的不竭动力。要想带出一个优秀班集体，就必须学习，而且是不断地学习，但不能照抄照搬，而要结合自己的实际情况进行；要想成为一名优秀班主任，就要敢于实践，在实践中反思，在反思中进步，一定不能在困难面前，"粉碎"自己的教育理想。

（刘筱茹，黑龙江省泰来县大兴中学）

班主任遭遇成长困境怎么办?

激情+钟情=班主任职业幸福

记得十年前,初出茅庐的我豪情满怀,充满了对教育的憧憬和向往,梦想着通过自己的努力可以和孩子们和谐共处,让孩子们健康快乐成长。当我欣然接受学校赋予的班主任这一重担时,一股豪情油然而生。教育的激情如熊熊烈火在我心中燃烧,微笑、热情、关爱……,此时一股脑在胸中激荡。然而,好景不长,不到一个月,所有的微笑、热情全都化为乌有,孩子们并没有我所想象的那么听话,班级违纪行为越来越多,班级管理开始举步维艰。于是,呵斥、发怒、体罚等各种手段多管齐下,曾经笑容可掬、平易近人的我不再,孩子们开始惧怕我,甚至憎恨我。为了让班级顺利发展,无奈的我只能抽出更多的时间跟班,凡事总是亲力亲为,由于在处理违纪学生时总是气急败坏,和学生冲突不断,导致有些学生在背后说我坏话,也有学生故意给我的单车放气……

一学期下来,我心力交瘁。最难耐的是,这种难熬的岁月一年又一年周而复始,此时的我不再有初时的激情,也失去了曾经的梦想,现实让我多么希望学校不再安排我做班主任,但为了职称,我只有硬着头皮在忐忑不安、焦头烂额中熬着。终于,通过了中学一级教师的职称评定,我大大松了一口气,立即向学校申请不再做班主任,并最终获得了学校的同意。其实,做班主任并不是身累,而是心累,一份无形中的责任感压得你不得不累。但现实终归是现实,两年后,在学校领导的强力要求下,我又不得不重新肩负起班主任这个重担,那种难熬的日子再次笼罩着我……

一晃数年过去,张万祥老师主编的《班主任专业成长的途径——40位优秀班主任的案例》一书开启了我久久尘封的心门。从书中,我惊讶地发现这些班主任和我曾经的经历惊人相似,都有过迷茫,有过放弃,有过失意,但他们最后都在不断努力和执着坚持下走向了成功。在感叹其中有些班主任那么年轻却有了那么大成就的同时,我心中那份尘封的激情也被唤醒了。于是我给自己制订了"三个一工程"计划：第一，每天至少读书一万字；第二，每天至少写读书笔记或者班级反思一篇；第三，每天至少思考一个教育问题。提出了自己十年班主任专业成长之路的人生规划。我通过网络购买了大量书籍，潜心阅读，并结合班级实际进行实践，稳步推进我的班主任自主管理研究。通过网络，我还结识了一大批优秀的班主任，加入了全国班主任成长研究会（民间），并成为其中的核心成员。

读书让我更加坚定了教育信念，增强了教育智慧。网络的交流、学习更激发了我对教育的钟情，对班主任工作的钟情。我把班主任工作融入教育科研中，在激情四射中投入，在钟情热爱中体味，从中感受教育的幸福，追寻教育的足迹，思索教育的难题，破解教育的密码……，成功的喜悦、自我实现的满足自然而然就会充盈心田。

时光飞逝，很快两年已经过去，我不再因身为班主任而牢骚满腹，不再因作为班主任而夜不能寐，而是把班主任工作当作科研来做。两年来，我的文章不断见诸报刊，和一群热血教师一起著书多部。我的"班级自主管理与发展"的行动研究获得了首届广佛肇教师校本行动研究评比暨第四届佛山市教师行动研究案例评比一等奖，研究成果发表在《佛山教育》上，我的论文在国家级和省、区、市各级获奖也多了起来；我和学生的感情也更深了，所带班级也更加充满了活力，得到了领导和同事的好评；2010年我又被评上了佛山市优秀班主任和镇教师标兵。我的心得到了前所未有的宁静，感受到了作为班主任的无比快乐。

（王东光，广东省佛山市南海区和顺二中）

班主任遭遇成长困境怎么办?

若有小成，则有大乐

2009年，学校安排我新接手高二（3）班班主任，班级58人，这个班由原高一四个班中学习成绩不好的学生组成，"后进生""问题生"较多，学生个体差异较大。当时跟班上来的老师没人愿意带，有人形容那将是一个"群魔乱舞"的班级。我还清楚地记得接班的第一天，当我走进教室，就如同进了贸易市场，后面一堆男生在打扑克，一对男女坐在角落动作亲密，其他人有的在高谈阔论，有的在吃东西，几乎没有人在意老师的到来。当我用审视的目光看着他们时，他们一个个立刻像刺猬一样立起了刺，随时准备反击。这就是当时的现实。

不是我愿意带这样的班，记得当初领导找我时是这样说的："你年年带文科班，经验多，只有你能带好。""只有你能带好"，正是这句话激励了我。作为一名教师，把学生教好，让学生成功，是我最大的心愿、最高的荣誉。我希望我带的每一个学生都能进步，每一个孩子都有出息。

由于长期担任文科班班主任和承担教学工作，我了解文科班孩子的特点。怎么办？不能撂挑子！我认为，在理想与现实之间，总得找到平衡点。我国古代哲学家孟子曾讲过"君子有三乐"，其中"得天下英才而教育之"即一"乐"。我所得的就是才，即使是歪才我也要把他变成人才。于是，我每天最早来学校，最晚走，找同学谈心，找家长沟通，与科任教师交流。我始终抱着"不抛弃、不放弃"的信念，本着"学生的每一点成绩都给予肯定，每一点进步都给予鼓励"的教育原则，帮助学生树立自信心。在生活上，我嘘寒问暖，从细节上去关爱学生。在办公室里，我总会准备一些纸杯、体温计、常用药等，让学生觉得在校如同在家一样。在别人眼里，我就是许三多，我就是阿Q。曾经有老师劝我说，材质不好，再怎么努力，也雕刻不出好的作品来。但就是我这股傻劲、这股精神让学生折服，他们慢慢地找到了自信，慢慢地开始了学习；慢慢地我从他们身上看到了我的影子。今年的高考,我顺利地把他们都送进了大学。我把现实变成了理想,同时也得到了学生的尊重和学校的肯定。当你的人生价值得到实现,你就不觉得累,不觉得苦,不觉得有落差。当一次次绞尽脑汁与学生较劲时,我就自我调节情绪。我经常调侃自己去教室是上战场,知己知彼,百战百胜,我有必胜的信心和勇气。看到孩子们在一点一点地转变,我就觉得我的工作是多么有意义。只有正视现实,改变现实,才能实现理想,而理想又是支撑我们去正视现实、改变现实的动力。

当教师在社会期望值过高、付出与回报不对称、社会地位与待遇不理想的现实状况下心理不平衡时,要从内在需求上加强自身的修养,用知识分子的安贫乐道精神去除社会功利欲望。让理想与现实牵手。心怀理想,面对现实,微笑生活。

(郭权飞,北京市大兴区第三中学高中部)

班主任如何弥合理想与现实之间的距离

很多班主任的一天是这样度过的:早晨准备完了孩子的早餐,简单收拾一下,十万火急地冲到学校;检查卫生、抓学生迟到、看黑板上的常规评分公示……,忙完了一通才想起早饭还没吃。刚坐下来想休息片刻,操场上出操的进行曲响起,如催命的音符,班主任如弹簧般跳起,向着操场一路小跑……,总算上完了自己的课,正想泡杯茶,电话响起,家长的诉求一大堆;等你好言好语把家长的电话挂了,你们班的科任教师来投诉了,说班里的某某同学上课和他顶嘴,你一番歉意,表示马上去处理;话音未落,眼保健操的音乐又响了……,中午别人可以午休,班主任还要去班里转转，甚至在教室里值班，看着一帮半大不小的孩子。等到放学，督促学生打扫完卫生，天色已晚，浑身的疲惫。想到还要回家做晚饭带孩子，再想想那些不做班主任的老师，内心这个不平衡啊……

当然，这还不算备课、写教案、应付各类检查评比验收、填写许多未必有人会看但必须上交的计划总结报表，不包括休息日和寒暑假组织学生活动、晚自习值班、写评语、家访，也不包括工作中有失误被领导批评教训、家校冲突时内心受到的委屈……

初为人师，总是有很多美好的愿景。但是，一旦你深入其中，就会发现现实并不是那么美好，事业也并非一帆风顺。每天重复出现的那些鸡毛蒜皮的小事逐渐消磨了你的斗志，根本无暇顾及曾经的理想。你一直在脚踏实地地劳作，却没有心情去仰望星空。

作为一名做了二十多年班主任的老教师，我特别理解班主任的辛苦和抱怨。但是，我认为要想弥合美好的理想与冷峻的现实之间的鸿沟，不能指望任何他人，只能从自身出发，改变心态，改变方法，在实干中、在自己的地盘——班级中，寻找实现理想的途径。在此，我把自己的心得与想法和班主任朋友们做些分享。

1. 世界不会因我们的抱怨变得美好，实现理想从改变心态开始

聚会上、网络上，关于教师特别是班主任的冷笑话不绝于耳，大家多是在抱怨。抱怨确实让我们暂时宣泄了不满，释放了心理压力。但是，苦笑之后再想想，工作还在那里放着，不会因为抱怨而减少；学生不会因为我们的抱怨变得好教育；家长也不会因为我们的抱怨就特别配合我们工作；领导更不会因为我们的抱怨就对我们关照有加。既然世界不会因我们的抱怨而变得美好，那么为何不停止抱怨，用阳光的心态面对每一天的工作呢？

只抱怨不行动，理想和现实之间的差距会越来越大，幸福的生活会离我们越来越远。行动起来吧，从身边最细小的事做起。一面小小的卫生流动红旗是现实，用智慧和方法把这面红旗保住，是实现教育理想的第一步；

不断出现的学生问题是现实,持续记录班级的发展和学生的成长,是实现教育理想最实在的行动……。我所在学校是薄弱学校,我带的班级是最普通的班级,我如果抱怨,喊破了天都不会有人理睬,但是我带的班级连续六十个星期保住了卫生流动红旗;当别人在抱怨领导检查卫生为什么那么苛刻的时候,我却用自己的心得写下了《保持常规优胜的六条秘诀》,发表在《班主任》杂志上。就像这样,在周遭一片抱怨声中,我的一篇篇教育叙事在各类期刊陆续发表。

同样一件事,因为心态不同而有了不同的行动和结果。比如,别人抱怨的事情往往是班级教育和管理的难题,你运用智慧,将这些难题一一破解,你的业务水平也就会不断上升了。领导让你带一个"差班",你抱怨领导欺负人,凭什么让你带"差班",这样抱怨没用,不如换一个角度告诉自己:这是一个挑战。然后,你和全班学生共同努力,扭转班风……,结果不仅会得到领导的赏识,更让你的学生体会到成功,职业自豪感也由此而来。所谓的教育理想,正是在积累这些小小的成功中逐步实现的。而一味抱怨,就会把成功拒之门外。

所以,改变心态,停止抱怨,积极行动,是弥合理想和现实之间距离的第一步,也是最关键的一步。

2. 打开理想之门的钥匙就在我们手中,但我们常常在"骑马找马"

很多班主任之所以觉得理想和现实之间的差距很大,还源于对自己所从事的这份职业并不看好,妄自菲薄,认为自己每天做的都是小事、琐事,怎么可能有骄人的成绩。

在此讲一个发生在本人身上的小故事。

寒冬渐至,一天晚上,我的手机里突然收到了这样一条短信:

我想拖陈老师后腿。陈老师成绩斐然,出类拔萃,这样就可能有被提拔当干部的机遇。我劝陈老师不要当官,只做班主任。班主任值得一辈子去做。你是难得的研究班主任的人才,现在已享誉全国,而当官就是最大

的牺牲。冒昧了！张万祥

我和张老师素昧平生，但是一位德高望重的教育界前辈主动给一个普通班主任发来的短信不仅让我感动，还有一些惶恐，更催我深思。惶恐的是我哪里是什么"成绩斐然""享誉全国"啊！只是因为班主任做得年头长了，加上自己比较喜欢研究班主任工作，写了一点教育心得，却被过誉为"出类拔萃"，实在汗颜。深思的是：为什么我觉得自己没做什么，却得到张老师如此夸赞？于是有了一些想法。

一是想来确实是做班主任的人多，潜心研究的人少；撰写教学论文的人多，撰写教育叙事的人少；关注高考成绩的人多，关注学生健康幸福发展的人少；想做干部、名师的人多，想做优秀班主任的人少。这一多一少，不仅反映出社会普遍存在的功利、浮躁心态，更给我们以启示：为什么大家都在"千军万马过独木桥"，在学科教学上比拼，在仕途上钻营，却没有看到国内班主任研究领域"这边风景独好"？很多课题研究都是方兴未艾，大有可为！随着人们对教育本质追求的回归，班主任在学生成长和发展中的重要性日益彰显，小小的班级成为教师成长的沃土。对教育的课题研究是永远没有穷尽的，常做常新。近年来，我在班级管理和学生教育上研究的很多创新方法和途径获得了很大进展，也为不少班主任朋友打开了思路和眼界，就是一个很好的例证。

二是很多人认为做一个好班主任就是为以后评职称、当领导打基础的。而只有做了领导，才算是有了业绩，才实现了人生理想。而张万祥老师却认为"班主任值得一辈子去做"，一方面说明了班主任是伟大的事业，另一方面说明了研究班主任工作也是伟大的事业。

成功之路不止一条。智者的眼光一定是长远的，也一定知道"人弃我取"的哲理。我做班主任，平平凡凡十几年，过去只想着如何离开这个岗位，在别的领域发展，却没有想到最宝贵的财富其实就在我手中。从2008年开始，我静下心来潜心研究教育问题，前十七年的积累加上后期的勤奋，仅用四年时间就完成了三百万字教育文章的写作并出版了个人专著《你能做最好的班主任》,在实现理想的路上迈出了坚实的一步。试想,如果我现在还在那里彷徨、犹豫,还在寻寻觅觅,就可能永远找不到这把打开理想之门的钥匙。

3. 不断创新与超越是实现教育理想的不二法门

如果班主任用一成不变的方法做教育,那么即使做一辈子,也不可能到达理想的彼岸。班主任工作只要在原地踏步几年,职业倦怠感就会袭来,那时,人除了疲惫就是烦躁,没有成就感和幸福感,现实距离理想会越来越远。

班主任无穷的活力来自对自己的不满意,来自对现实的不满意,来自不断创新、超越自我的生存习惯。而只有不断否定自己、超越自己的人,才有可能不断向理想靠近。其实班主任工作是最富有创造力和想象力的工作。今天和昨天的班级看上去没有什么两样,但其实一切都在变化。一种方法用了很多年仍一直在用,没有人想过为什么一定要用这种方法,能不能换一种方法,能不能找到更好的方法,能不能找到更多的方法……,你一旦这么想了而且这么做了,那么你就已经在谋求创新,已经在向着新目标、向着自己的理想迈进了。

4. 只要用心,每个班主任都能实现自己的教育理想

在我的《你能做最好的班主任》一书里有这样一句话:"只要用心,每个人都能成为最好的班主任。"这句话听上去有点喊口号的意思,但这的确是我的真实想法。我发现碌碌无为的人总是能找到一大堆不能进取的理由,而且并没有把所从事的事业放在心上。心不在焉地做工作,即使做的时间很长,也不会有什么进展;但是用心去做,很快就能有很多收获。一节公开课,你嫌备课麻烦,又担心许多人来听课,上不好丢人,放弃了;撰写论文,你嫌查资料、写作辛苦,怕写出来文笔不好得不到奖,放弃了……,机会总是这样一次次被放弃,怎么可能取得成功!

还有的班主任,认为自己的环境条件不理想,领导不懂教育,家长也

不理解教师,如果身在重点中学,教那些比较优秀的学生,情况就会好多了。其实任何学校、任何班级都蕴藏着丰富的教育资源,看你用什么眼光去发现。甚至可以说,一些问题比较多的班级、问题比较大的学生更是研究教育的宝贵资源,越是在这样的学校、这样的班级,研究教育越容易取得成果。我本人因为带全校最差最乱的班级而成为"问题学生教育专家"就是一个很好的例证。

路在脚下,心在远方。无论你身处什么样的学校、什么样的环境,面对什么样的学生,只要用心、用情、用智,其实每个人都能在自己平凡的岗位上演绎精彩、实现理想,而离开了这个平台,就像希腊神话中的大力士安泰离开了他的力量源泉——大地一样,失去了力量,也就不可能腾飞,更不可能实现理想。

(陈宇,江苏省南京市第二十七高级中学教师,南京市优秀班主任,南京市德育创新奖获得者)

10

班主任出现职业倦怠，怎么办？

找准定位，明方向才不会迷路

身份认同，书写美好

回顾自己的班主任职业生涯，我曾出现过三次明显的职业倦怠期。

第一次是初任班主任两年多，每日纠缠于没完没了的学生琐事，如同消防队员般四处灭火，身心疲惫、烦闷无力，不禁心生困惑：这是我想要的班主任的样子吗？

第二次是工作八年后，上级部门要求日益繁多，各种检查更是应接不暇，校园活动或教育任务周周都有，还有需要时时签名与汇报的安全排查和家校记录等，感觉自己陷入困局，不由得产生怀疑与迷茫：这是我班主任工作的意义吗？

第三次是工作十几年后，每每在晚自习朦胧的灯光下，守望着困倦向学的学生时，常常不由得叩问内心：我的时间都去哪儿了？我的工作成就在哪里？这是我班主任工作的价值吗？

带着思考，我回看一路疑惑、一路成长的自己，也找到了自己处理职业倦怠的三种方式，即一直追问自己的三个问题：一问我要做什么样的班主任？二问我为什么做这样的班主任？三问我如何做这样的班主任？

定位

"我要做什么样的班主任?"当年的我无法回答这个问题,于是我投入阅读,许多优秀班主任的书都成了我的治班宝典,班主任研究专家们所倡导的教育理念也逐渐融入我的理念体系;阅读专业文章成了我的教育生活日常,各类教育刊物如《班主任》等都成为我的带班锦囊。不满足于独自阅读与思考,我在年近四旬时考上了北京师范大学的教育硕士,通过老师的授课加上自己大量的阅读、思考与实践,我逐渐明确了自己的为师之道。

恰如钱理群先生所说,中小学教师工作的意义和价值,就在于成为学生童年和青少年记忆中美好而神圣的瞬间。我的班主任工作就是唤醒每一个学生心中向上的力量,呵护他们健康快乐地长大,帮助他们找到自己独特的潜能和有可能的生命方向。我的职责就是关注学生生命的成长,以一颗爱心与真心,将学生从混沌迷茫摆渡到明亮美好的生命彼岸,耐心守望着拔节成长的学生。

当我确认要做什么样的班主任后,我的内心一片清明宁静,我不再困扰于班务庸常繁杂的琐碎,不再纠结于学校各项考核,身心也不再倦怠疲惫。我知道我的教育生活中最重要的是什么,知道我是什么样的班主任,知道我这个班主任要走向哪里、我每天要做什么,面对犯错不断的学生,我充满力量与信心。于是,我的职业倦怠消失于我对自我身份的认同和职业定位之下。

赋义

阅读与探究后的班主任身份认同,让我知道了自己站在哪里、要往哪里走。我静静地审视着自己的教育现场和日常生活,寻觅每天工作的意义所在。

终于,我找到了"我为什么做这样的班主任"的答案,那就是赋予我的班务工作新的美好意义。我不再为了学校要求而完成各项任务、举行各种活动，而是为了学生的美好成长而参与活动。比如，面对学校各种"禁止"校规，我组织学生设计了"美在哪里"主题班会，引导学生发现美、欣赏美、创造美，人人做美好中学生，学生从中获得的认知与理解的规则，已经远远超越校规；面对各种学生问题或违纪事件，我都视之为一个个研究课题或生命故事，都是需要我探究、解读与书写的素材和资源，越复杂，我反而觉得越值得关注、研究。

当我为自己的班主任工作赋予新的意义，这份意义就成为我工作的动力和方向指引，也成为帮助我获得内心平静和坚定的一种方式，因为我知道我所做的是为了学生的美好成长，我坚信自己的言行和班级活动对学生未来的价值。

赋予日常生活以意义，让我获得了做好班主任的内心力量，也为自己寻得了一种超越庸常生活的精神追求，我知道为什么要做这样美好的班主任，知道自己每天是到教室赴一场与学生的美丽约会，我的内心自然充满期待和向往。

此时，我对自己班主任工作意义的判断不再来自外界的目光打量，而来自我已经确定的内心坚守，来自我赋予工作的美好意义。意义可以对抗很多东西，比如，班级考核或活动评比低分、不理性家长或领导的苛责；意义还可以助我以更好的心态面对一些问题，如平和对待犯错的学生、泰然走过非议时光等，尤其是我可以心无旁骛地专注于学生生命成长的教育，而不是纠结于外在的名利之争。

书写

即使我已经认同自己的班主任身份，并赋予班务日常以美好的意义，我依然逃不脱时不时袭来的职业倦怠，"我如何做这样的班主任"是我必须要解答的问题。

我为自己找到的答案就是坚持日常书写，包括自由书写、叙事书写和课题书写等。书写让我从有限的班主任生命中寻到了无限的生命力量，也提醒我，这是看见与成就班主任工作美好的有力佐证。

自由书写让我不断反思与审视自己的教育言行与日常，给了我一个静心内视和滋养灵魂的机会，帮助我疗愈内心的负面情绪，找寻自己隐秘的恐惧和困惑，释放潜在的压力与烦闷等。从这样的日常书写中，我养成了自觉梳理教育理念和归纳整合自我思考的生活习惯。

叙事书写则是我班主任工作中最美好的意义所在，所有学生生命成长、班级师生交往、班级日常活动、各种教育现象等，都成为我取之不尽、用之不竭的叙事素材。班主任身份让我得以穿行在学生的生命成长和教育日常的美好中，让我完整地保留了一份书写故事的纯粹与轻盈。

课题书写是我将一个个学生或教育问题，转化为一个个可探究的行动研究课题。我经年累月地对学生问题或教育故事进行追踪与观察记录，尤其是那些在成长中被压抑、被隐藏、被忽视、被遗忘甚至被遮蔽在教育表象背后的生命真相，然后再经过梳理、分析和综合，完成课题研究书写。

从不断的书写中，我逐渐获得了持久思考和反思的成长力量，也习得了一种有意义的日常坚持，自然而然也收获了一份意想不到的成就。

如上三种对抗职业倦怠的方式，已然成为我主要的班主任工作方式，它们互为条件与补充，支撑着我轻轻松松、有滋有味地做着最幸福的班主任。

（王玉虹，甘肃省宁夏中卫中学）

班主任遭遇成长困境怎么办？

我的"抗怠"之路

教师是职业倦怠的高发人群，班主任更是职业倦怠的重灾区。我本人经历过特别煎熬的职业倦怠期，在"抗怠"之路上摸爬滚打多年，总算走出了职业倦怠的泥潭。

说起来有些可笑，我的职业倦怠期来得特别早，工作第一年就被各种挫败感打击得怀疑人生。2011年，刚参加工作的我被分到一所城乡接合部中学，担任初一某班班主任兼语文老师。很不巧，这个班是一个全校公认的"烂班"。这样的班级，管理难度非常大，除了日常抓卫生、管纪律、催作业，还要应对科任教师的各种投诉，处理学生反反复复的迟到、抽烟、打架等行为，即便打起十二分精神，班级量化考核的扣分单还是如雪片一样飞来。如此一天下来，身心俱疲。而最令人沮丧的，莫过于在年级的各种考评、考试、竞赛中，我们班成绩总是垫底。

作为新手班主任，我渴望获得认可与尊重，而糟糕的班级情况犹如一块沉重的巨石压得我喘不过气来，我开始怀疑自己的能力，甚至在面对领导和同事时有一种抬不起头来的自卑感。一股强烈的无力感席卷而来：这份工作究竟有什么意义？为什么我的付出没有任何回报？问题究竟出在哪里？以后要怎么办？难道我要这样浑浑噩噩到退休吗？

我反思了许久，发现自己深陷职业倦怠的最主要原因是没有成就感，班级管理平庸，成绩更是不见起色。这其中当然有经验、能力欠缺的因素，假以时日，我相信自己一定会做得更好，但当下的职业倦怠该如何克服呢？经过一段时间的反思，我尝试从以下几个方面积极"抗怠"。

调整心态，降低期望，制定切实可行的目标

老师们所谓的焦虑、失望、沮丧，很大程度上来源于对学生过高的期

望。比如，我希望学生上课安静、作业认真、不惹是非、团结友爱……，在我看来这些是基本要求，可是对于成长环境复杂的学生而言，这些可能是较高的要求。

那时，学生们犯的低级错误经常让我暴跳如雷，我劈头盖脸就是一顿批评教育，可效果却不尽如人意，而且师生关系越来越糟糕。冷静想一想，我忽略了学生的真实情况，赋予了学生过高的期望，总觉得他们一无是处，简单粗暴地以各种规矩来镇压他们的顽劣，最终导致两败俱伤。

反思中我想到，既然优秀强求不来，为什么不挖掘我们班的长处，争取进步呢？虽然班上的孩子调皮捣蛋，但是他们勤快能干、爱跑爱跳，体育还不错，于是我制订了班级短期"翻身"计划，即运动会争取挤进年级前四。事实证明我的判断是准确的，这些看到作业就哭爹喊娘的孩子一到运动场就像换了个人似的，敢拼敢闯，铆足了劲儿为班级争光，最终获得了年级第四的漂亮成绩。这一仗使班级甩掉了永远垫底的帽子，全班士气为之一振。

如果管理经验和能力欠缺，那么陪伴就是最好的教育方式

不可否认，对班主任这一行来说，经验是利器。工作时间久了，经验丰富了，气场会逐渐强大，许多难题也就迎刃而解。每个新班主任都无比羡慕老班主任那气定神闲、井井有条的管理能力，可是新班主任就真的没有制胜法宝吗？当然有，那就是"陪伴"。

刚参加工作，没有家庭羁绊的我可以花很多时间"泡"在教室里，这一招看似笨拙，实则效果颇佳。很多孩子身上出现这样或那样的问题，都是因为家庭教育中陪伴的缺失。可是来到学校，我可以全天候地陪伴在他们身边，从入校、进餐到上课、做操，再到打扫卫生、离校，通过持续不断的关注，我给学生一种真实可靠的安全感。

时间久了，学生似乎读懂了我的付出，师生关系也发生了微妙的变化。一个学生曾不经意间说："我们班主任好辛苦啊，每天第一个来，最后一个

走，我们班成绩还这么差，真是太对不住她了。"学生知道心疼、体谅班主任了，剩下的不就是"哄"着他们努力学习了吗？虽然辛苦一些，但是值。

强大自身，提高专业知识和业务能力

曾有人说过，"人的一切痛苦，本质上都是对自己无能的愤怒"。我的业务能力还没有强大到可以应对所有的工作难题，一遇问题还是会抓耳挠腮、着急上火，总是不知道从哪里下手解决，怎么可能没有挫败感呢？我比较认同网络上的一句流行语——"不够优秀，努力来凑"，因此我决定抓住一切机会，努力、快速地成长。

现代社会，学习资源和学习媒介层出不穷，除了从身边的优秀班主任身上汲取经验，我还阅读了很多国内外优秀班主任的书籍，收获满满。比如，我特别喜欢《第56号教室的奇迹》这本书，雷夫老师春风化雨般的教学智慧以及对孩子真诚的爱心和耐心，令我由衷佩服，他的"以信任取代恐惧"的观点和"道德发展六阶段"理论，更是给当时内心无比焦灼的我打开了一扇天窗。我试着以同理心去理解学生的"叛逆"，处理问题先摸清原因，多鼓励、少批评——毕竟没有一个孩子天生就想学坏，给予温暖好过在伤口上撒盐。事实证明，在缓和与学生的紧张关系上，这一点收效显著。

磕磕碰碰中，我与第一届学生共同成长了三年，他们说我是骂他们骂得最凶的老师，也是爱他们爱得最深的老师。当初搅得我寝食难安的职业倦怠，随着这届学生的毕业似乎也烟消云散了。或许我应该感谢这恼人的职业倦怠，它逼着我成长，助我成为更理性、更有智慧、更受欢迎的班主任。顺便提一句，这个班在初二下学期期末考试中，已经进步到年级第五名，并保持到初三毕业，班上许多孩子和我成了终身的"铁哥们儿"。

（王亚元，广东省珠海市第十三中学）

转变认知，好心态成就好工作

走出倦怠的关键

担任班主任工作的第六年，我曾深陷职业倦怠之中。幸运的是，随后一年我没当班主任，便趁机对自己的班主任工作进行了多角度的反思，并参加了专业进修，终于找到了化解班主任职业倦怠的突破口。

改变观念，爱当班主任

我不想当班主任的原因之一是班主任要做的事情多，繁忙不堪，劳心劳力，责任多且重；为班级付出了诸多的时间和精力，却很少得到学校、学生和家长的认可，付出与回报的不对等令人泄气。

离任的那段时间里，我确实清闲了不少，但也在这一年里迅速发福，大概是因为少了班主任每天不得不走的那一万步吧？这一年里我常进行反思，发觉班主任工作的负面影响被我放大了，正面的意义却似乎被我忽略了。于是，我尽力总结了一些班主任工作的正面意义：每天频繁到班，常伴学生左右，使得我们与学生更为亲近；为学生的安全保驾护航，且确保了日行万步的锻炼；学校需要班主任、班级和学生参与的活动很多，使得我们在参与多样化的活动时必须不断学习，也锻炼了我们组织、领导、宣传、表达等多方面的能力。如此转变观念后，原先觉得任重道远、繁忙不堪的班主任工作，如今却被我视为立己达人的好机会。

在意得失，除了容易陷入恶性循环，教育的要义也会被偏废。意识到这一点后，我便赶紧把自己工作的关注点集中到如何有效促进学生的成长与进步上，把大部分时间和精力都用来思考和实践如何带好班级和学生上，着力完成教育的根本任务。这时，班主任立己达人的责任和意义，得到了进一步的彰显。

调整心态，乐当班主任

观念转变，迎来班主任工作的新起点，但要使班主任工作持续高效而快乐，还需在工作中保持良好的心态。

我此前不想当班主任的原因之二是自己心态比较消极负面，常常一边辛苦干活，一边怨叹不断，影响了班主任工作的有效开展，更束缚了自己的成长和进步。因此，班主任越当越不开心，所得也越来越少。

前车之鉴使我深刻意识到，要想把班主任工作做好，必须调整心态，保持平和、积极、不疾不徐、不骄不馁。因此，我在后续的进修学习中格外注意吸收正能量，也特地阅读了心理学、教育学等方面的经典佳作，以更好地指导自己改进情绪管理，调整好心态。

多次实践后，我梳理出以下调节情绪的方法：（1）多说多看好的方面，少说不悦之事——常说的内容，因其反复出现，会在自己和听者中不断强化；（2）遇到问题多反省自己的不足，少责备抱怨其他——反思自我，改进自我，能避免怨怼他人，也是更可行的路径；（3）尽力改变自己能改变的，坦然接受不能改变的——积极努力地去改变，尽力后仍无效，那就从容接受，既做到积极进取、有所作为，过后也能泰然处之、平和从容；（4）多一些积极的行动，想办法解决问题，尽量少一些负面的发泄——以问题解决为导向，想、说、做都是为了最终有效地解决问题；（5）要明白改变他人是不断反复的缓慢过程，只要有进步就好——教育，从本质上是改变人、塑造人的工作，但改变人也是最难的，能有些许改进，我们的努力便是有意义的。

慢慢地,负面的言行和思考被摒弃,换之以积极的行动和从容的应对,不管遇到什么情况,我基本上都能让自己的心态保持平和、积极,挫折、烦恼等危机都被我视为提升自我、改进他人的契机。

再次担任班主任时,我一扫曾经的阴霾,带着全新的姿态和饱满的激情投入其中;过程中保持不断学习与改进,使自己具备科学的理念、有效的方法、平和的心态。于是,六年来,我越来越喜欢做班主任,工作也越来越顺利,曾经不敢奢望的认可和荣誉反而随着我和学生们的成长和进步而陆续降临,学生、家长和学校对我的认同度也越来越高。未来,我还将选择继续当班主任。

(郑秋艳,广东省深圳市龙岗区龙城初级中学)

改变认知,提升职业幸福感

认知心理学认为,职业倦怠是由于认知偏差而引起的情绪失落。因此,笔者认为,可以通过改变教师的认知来改善教师的情绪,提升其职业幸福感。

认知不同,结局不同

美国心理学家阿尔伯特·艾利斯通过临床观察,发现日常生活中经常导致情绪困扰的主要原因是不合理的信念,这些不合理信念的特征是"绝对化要求、过分概括化或糟糕至极",他认为通过改变人们对某件事(A)的看法(B)就可以改变由此事而引起的情绪体验(C)。这就是情绪ABC

理论。

同样一批学生，有的老师经常说："你们是我遇到的最差的学生。"也有老师认为："给我一个班级我就心满意足。"面对同样的情况，不同的心态会导致不同的结局。

几年前，有位刚参加工作的女教师教一年级某班刚一个月，就对全班学生愤怒地说："再也不想上你们一年级的课了！"细细询问才知道，刚毕业的她不会管理课堂纪律，每次都用大半节课时间维持纪律，等安抚好学生，刚要切入正题便下课了。我完全理解她当时的状态，便开导她说，一年级学生犹如白纸，有人认为他们什么都不懂，很难教。也有人认为，正因为他们是白纸，所以能比较容易地将他们塑造成最好的样子。然后我讲了一些一年级孩子的认知特点和行为特征，以及如何让他们愿意听讲的方法，那位老师的心态随之平和了，课堂纪律也有了改善。同样的事情，看法转变了，结果完全不同。

记得上届毕业班中，班里的"四大金刚"结成团伙，"沆瀣一气"，破坏纪律，科任教师无法上课，每天跟我告状，而我也是忧心忡忡，怎么会遇到这样难管的学生呢？后来，我想到他们还是孩子，行为虽然有点出格，但也是因为父母疏于管理，让他们自生自灭导致的，他们其实也很可怜。想到这里，怜悯之情油然而生。同情代替了愤怒，方法自然也由压制变成了关爱，教育反而有了效果。

不当知者，请当智者

教师之所以焦虑倦怠，是因为他们面对现实问题时总感觉困惑、无能为力，除了抱怨与发牢骚，好像什么也做不了。长期以来，大部分老师靠经验处理问题，他们习惯用已知的方法来处理不可预知的问题，一旦经验失效，内心便痛苦、纠结、无助乃至倦怠。

班主任是育人工作者，面对活泼好动、性格迥异的学生个体，很难用一种简单方法处理所有问题，班主任不应该当知者（依靠已知经验者），而应当智者，灵活使用教学手段，因材施教，从儿童认知心理与教育理论等角度探究每个棘手的学生个案。

在家校沟通中，我也曾"腹背受敌"，一度想离开教师岗位。那时，只要学生作业有一点做错或漏写，我就直接打电话给家长，批评家长监督不到位。刚开始家长还算配合，时间长了，他们便只是象征性地应付了事，还有人说要到校长室告我态度粗暴。我也曾一度痛斥现在的家长怎么这样不负责、孩子怎么这么不懂事，内心的负能量几乎"爆棚"。

后来，我读到《论语》里的两句话："用之则行，舍之则藏。"我开始反思自己：我为什么非要强迫这些家长改变呢？家长的素质确实不同，他们看待教育的视角也各不相同，不能说跟我不同就是错的，我应该悦纳他们，然后才能走近他们。于是我决定改变策略，多肯定表扬负责尽职的家长，提醒而非批评那些配合度不高的家长。我不再动不动给家长打电话，而是尽量把握时机，提前想好沟通的方法与沟通目的——不再单纯为了宣泄情绪，而是为了解决问题。当孩子出现问题不得不给家长打电话时，我会说："孩子现在出现问题，我们坐下来一起想想如何帮助孩子改变。"家长感受到我打电话是为了孩子的成长，而不是告状或者指责，也就没那么多抵触情绪了。

说到底，班主任的职业倦怠是一种自我封闭的状态——不愿意走出自己的世界，也不愿别人走进来。其实，每天带着一群天真活泼的孩子说说笑笑，分享他们的学习、阅读和生活经历，理论联系实践，形成自己独特的带班经验与风格，这样的班主任真的很幸福。

（黄作槐，浙江省温州市五星小学）

自我提升，有能力方不惧倦怠

"专业读写"助我走出倦怠

2007年，我调入一所新学校，本以为只是换了一个工作环境，很快就能适应，谁知两个月后，我失去了信心——班里学生接二连三地出状况，为处理学生之间的琐碎矛盾，我周旋于家长和领导之间，无暇顾及其他。更有甚者，班里有一名特殊学生，整天不进教室，到处乱跑，打扰全校师生的正常活动，搞得我焦头烂额。一学期下来，班里有五个学生考试不及格，这在我二十多年的教学生涯中是从未有过的。这还不算，在许多事情上，我被领导责问、家长责难、同事嘲笑，自信心荡然无存。

这种境遇让我痛苦不堪，工作热情急剧下降，心情也糟糕到极点，直接导致身体不适，每天只能疲于应付。回顾进入这所学校的六年时间，我不由惊出一身冷汗：没有一项荣誉，哪怕微不足道的学生辅导奖都没有，这让我实在汗颜。

困苦中的我偶然间看到这样一段话："很多中年教师常发出这样的感叹，这辈子大局已定。我不这样认为，我要说：人生永远没有大局已定一说。四十岁不要说这句话，五十岁也不要说这句话，六十岁还不要这样说。一个自信的人，永远在寻找新的机会。你这样做了，完全有可能开启新的生活，重新塑造自己，这才叫活得年轻，活得有希望。"我想做一个自信的人并决心改变，所以开始关注最新的教育改革变化，翻阅自己想看的教育杂志和教学专著，阅读大量优秀班主任的教育博客。有时，我被书中的教育故事启发鼓励，有时很羡慕那些晒幸福的老师，有时我又为他们独一无二的教育方法拍案叫绝，我对名师的育人智慧钦佩无比……，阅读成了我最大的爱好，也是我的"镇痛药"和"慰藉剂"，当我遇到难题时，也开始试着通过阅读寻找方法。

我亦步亦趋地模仿着名师们的做法，将其运用到学生教育、班级管理、课堂教学中。看到学生们对我的课堂越来越喜欢，对语文学习越来越感兴趣，我的自信心在一点一滴地恢复。读书，让我越来越多地关注学生的感受，采取的方法更趋于理性和智慧，动辄斥责学生的现象慢慢消失不见了。

一次偶然，我看到"朱永新成功保险公司"开业启事，"投保条件"是每日三省吾身，写千字文一篇，一天所见、所闻、所读、所思、所感都可写。我开始蠢蠢欲动，把心思集中到写作上。我相信只有心中有目标，才会有方向感，才会让自己活得更精彩。我开始"投保"：每天坚持写作，少则五六百字，多则一两千字。坚持一年多，我写了二十多万字，几年下来，积累的素材千千万万，其中八十多篇发表在全国各类报刊上，还出版了自己的教育专著。我的目标也越来越明确，那就是热爱教育工作，把自己和学生的故事记录下来，把美好的生活、心情写下来。

为了梦想和追求，我在不断地阅读、实践、反思、写作，不断地改变着自己。作为教师，把自己的工作变成兴趣所在，这是一种多么美的境界！所以我的心态变得越来越平和，对学生越发有亲和力，感觉自己越活越年轻，越来越有希望、有追求，虽然每天身体很累，但心情是愉悦的。阅读和写作，就是最好的养生和养心；阅读和写作，让我寻找到内心的安宁，找到排遣不良情绪的出口，收获了满足，找到了幸福感。

（徐莲香，甘肃省酒泉市南苑小学）

班主任遭遇成长困境怎么办?

 案例

倦怠在专业研究中消散

刚参加工作时，我在一所乡村小学担任班主任。初为人师的喜悦和旺盛饱满的精力，使我在匆匆忙忙中还算应付得来，虽然也时常觉得很累很辛苦。但在从事班主任工作近十个年头后，我开始倦怠了：抱怨班主任工作纷繁复杂，抱怨学生不懂事，抱怨家长不配合……，在抱怨中我开始应付，跟着大家走形式，这样浑浑噩噩的日子持续了将近一年，正巧教育科研的春风刮进了校园，及时唤醒了迷茫的我。

研究改变了我做班主任的心情

最初接触教育科研，我以为这可能又是一项形式化的工作任务，是另一种负担，但为了完成任务，总要找些材料来应付，找材料就要读书，读书便有了收获。记得那一天，我被书中一段朴实真切的话吸引了，大致内容是这样的：任何一项工作，只有用心去研究，才能收获成长；只有收获成长，才能乐在其中。

我凝神思考，反思自己近十年的班主任工作，只是在做"上指下派"的任务驱动型教师，根本没有想过成长的意义。因为我没有收获成长，所以才会倦怠。细细想来，应付抱怨是一天，用心研究也是一天，日子总要过去，但收获却不尽相同，我们不该在工作中消耗自己，而要在工作中丰富自己。于是，我以教育科研为先导，以班主任工作中出现的问题为核心，开启了我的研究之旅。读书、思考、写教育日记；计划、实践、反思、总结……，忙是忙了点儿，但坚持一段时间后，我发现了自己的改变。班级里出现问题，我不再用怒火来解决，而是跟着书本学着一些教育家、优秀班主任的经验和做法，效果真的不一样。渐渐地，我发现我的工作方式温和起来，孩子们也可爱起来。

研究使我的班级有了温度

有了研究意识之后，我开始把班级出现的问题进行整理、归类，然后逐个研究，尝试着用智慧去解决问题，或开展活动，或个别谈心，或把情境教育和家庭教育相结合……，我在实践中不断尝试、思考，不断改进自己的教育方法……。功夫不负有心人，一段时间后，学生们对我不再敬而远之，而是努力用行动践行着对老师、对班级、对同学的爱，一个又一个充满温度的孩子出现在班级里，我感到教育的力量是多么强大！我的教育日记里也记录着一个又一个充满温度的班级故事，我感到做班主任真好。这段时间的研究与改变使我明白：你把孩子当作天使，他们就会长成天使的模样。

研究使我拥有了教育智慧，收获了专业尊严

在研究中，我的教育观念发生了转变，方法也随之改变了。一个又一个教育问题促使我思考研究，我在研究中不断总结经验，记录感人瞬间，渐渐地，我开始勤于笔耕。后来，随着经验的积累和视野的扩大，我抱着试试看的心情把自己用心撰写的文字投向报刊。在经历了一个又一个漫长的等待之后，终于，我的教育文章发表了。捧着一份份意想不到的收获，我感受到了成长的美好。

我把发表在杂志上的带有墨香的文字与孩子们分享，他们那么幸福地沉浸在以自己为主人公的故事里，那么崇拜我这个默默无闻的老师！他们更努力地做好自己，都期待着自己成为我下一个班级故事的主人公。我们一起努力着、憧憬着、创造着美好的未来，累一点也并不觉得辛苦，教育真的可以这样美好！

现在，我已在班主任岗位上坚守了二十多年，是研究让我从职业倦怠中走出来，是研究使我的班主任工作不断向青草更青处漫溯……，我也感

谢我的学生们,他们成为我一个又一个教育故事的主人公,让我每每品读这些故事时,空气中都溢满幸福的味道,我可以自豪地说:"这些收获,缘于我是班主任!"

(赵春梅,吉林省蛟河市庆岭镇九年制学校)

专家视点

班主任职业倦怠的破解之道

说起"职业倦怠",有的班主任或许感到有些陌生,但下列这些现象相信许多老师都曾体验过:早晨不愿起床,起床之后不愿到学校去,站在讲台上不愿张口说话,盼着早些下课或放假,感到自己已经精疲力尽、严重透支了;接下来变得烦躁、易怒,什么事情都干不下去,看什么都烦,遇到一点儿小事就发火;对学生失去耐心,甚至以冷嘲热讽、漠不关心的态度加以对待;开始怀疑教育的力量,不再相信自己的能力,感到不论如何努力都无法让学生取得进步,逐渐失去对事业的追求。过去我们常将这些现象看作教师的道德问题和思想问题,实际上这是教师的心理问题,是教师职业倦怠的表现。

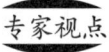 **班主任职业倦怠:特点与表现**

职业倦怠(Burnout),也常被译为"工作倦怠""工作衰竭""职业枯竭",是一种与压力相关的心理问题。关于职业倦怠的研究,始于医疗保健行业、律师行业,现已扩展至各个服务行业,如教师、社会工作者、警察、销售人员等。特别是那些工作量大、工作时间长、工作强度高的职业,以

及那些最具奉献精神、工作最努力的人群，是职业倦怠的高发群体。班主任正符合这两大特征，出现职业倦怠现象并不令人意外。

何谓职业倦怠？有研究者认为，职业倦怠是一种出现在正常人身上，持续的、负性的与工作相关的症状，其主要特征是衰竭，伴有痛苦感、自我效能感降低、动机降低以及逐渐出现工作中的非建设性的态度和行为。它是由个体工作期望水平和现实工作状态间的不匹配以及不恰当的应对方式造成的。这种症状是逐渐发展起来的，在很长时间里可能不被个体所察觉，通常不会自行消失。

职业倦怠有其自身的独特性：

（1）职业倦怠不同于工作压力。工作压力是个体知觉到的工作要求与应对资源间不一致而产生的一种即时反应，伴随有心理和生理上的症状，而职业倦怠是长期工作压力的结果，除了心理和生理症状外，还伴有对人与事的消极态度和不良行为。

（2）职业倦怠不同于工作应激。工作应激是个体伴随有心理和生理症状的短期适应过程，而职业倦怠是应激适应过程的崩溃阶段，是长期、持续工作应激的结果。

（3）职业倦怠不同于抑郁。抑郁存在于生活的各个领域，不受特定情境因素的限制，而职业倦怠与工作相联系，具有明显的情境指向性和传染性。

（4）职业倦怠不同于过劳。过劳是因工作时间过长、工作强度过大引起的个体疲劳、肌肉疼痛、体重改变、体力难以恢复等，更强调因工作而引起的身体疲劳不适，而职业倦怠还包括精神和情感上出现的枯竭现象。

班主任是职业倦怠高发人群。体验到职业倦怠的班主任，更容易对学生失去耐心和爱心，减少在教育教学上的精力，工作的控制感下降，个人成就感降低，难以全身心地投入教育教学工作中，会直接影响其教育教学的效果。

职业倦怠是一个缓慢发展的过程，很多班主任开始时往往并未觉察，而一旦达到某个特殊临界点时，就会突然出现衰竭感，而且这种负性体验也难以与任何特殊的应激事件相关联。职业倦怠的发展包括三个阶段：第一阶段是应激过程，班主任长期面对学生过度的情感要求，其有效的个体资源与工作需求之间产生不平衡；第二阶段是疲劳过程，班主任产生即时的、短期的情绪紧张、疲劳和衰竭感；第三阶段是防御性应付过程，这一阶段包括一系列行为和态度的改变。班主任开始优先考虑自己的需要，以疏远和机械的方式对待学生，以此来远离学生，减少情感投入。最后，班主任发现现实的工作状态与自我的期望水平之间存在很大差距，成就感也随之明显降低。

职业倦怠有三大典型症状：

一是情绪衰竭，指班主任自身情感资源过度消耗，处于极度疲劳状态，工作热情完全丧失。

二是人格解体，指班主任以否定、负性、冷淡、过度疏远的消极态度对待学生。

三是成就感降低，指班主任的胜任感和工作成就感下降，消极评价自己工作的意义与工作价值。

除此之外，职业倦怠还会引起其他方面的不适与紊乱，主要表现为：躯体方面，身体能量产生衰竭感、极度疲乏、持续的精力不济、虚弱，出现生理紧张症状，对疾病的抵抗力差，饮食习惯或体重改变；情绪方面，一旦工作无法达到预期，就会出现挫折感、抑郁、愤怒、压抑、刻板态度、否认或责备；智力方面，自我能力评价降低，决策能力降低，觉得自己不能胜任工作，怀疑自己、退缩、感到无能和失败；行为方面，经常迟到、请假甚至主动离职，工作热情减退，失去理想，厌倦工作，大量抽烟、酗酒、喝咖啡，攻击性行为增加；组织方面，有较低的自我概念，面对各种刺激采取逃避或退缩的方式应付，工作效率低，工作中产生的消极情绪弥散到家庭生活中，遇到问题时无所适从。

班主任职业倦怠：应对与调控

班主任如何摆脱职业倦怠的困扰，如何从职业倦怠的困境中走出来？实际上，班主任职业倦怠的调适是一项系统工程，需要社会、学校和班主任三者之间的通力合作。

在社会治理层面上，需要制定各种政策法规来保障教师的权益，提高教师的社会地位，应当加大对教育的投入，对班主任的工作提供必要的支持，形成有效的社会支持网络系统，形成尊师重教的良好社会风气，给班主任以必要的人文关怀。

在学校管理层面上，学校对班主任应当摒弃简单粗暴的责任化管理模式，采取人性化管理模式，关注班主任的心理需求，遵循班主任专业发展规律，将外在社会要求建立在班主任内在发展特点的基础上，了解班主任的能力优势和工作情况，公平对待每一名班主任；应及时、适当地给班主任的工作以鼓励和肯定，不断提高班主任的角色认知水平；应关心和正确对待班主任的心理冲突、心理矛盾，帮助其分析冲突原因，消除心理阴影；增加班主任和学生交流的机会，使班主任得到更多直接来自教育过程的内在奖励；给予班主任更多的自主权；学校的组织管理要使班主任有获得社会支持的心理感受。

社会和学校是引发班主任职业倦怠的外因，班主任个人因素则是引发职业倦怠的内因。应重点从班主任个人因素入手，帮助班主任掌握自我调控的方法，促进班主任提升心理健康水平。职业倦怠的应对方式可分为反应调控和原因调控两大类。前者相当于西医的方法，是对职业倦怠表现出的症状直接进行调节。例如，职业倦怠会直接带来紧张、焦虑等情绪反应，可以建议班主任听音乐、散步、进行放松训练、找朋友倾诉等，以减轻紧张、焦虑的情绪反应，以此减轻职业倦怠的不良影响。后者相当于中医的方法，是对引发职业倦怠的原因进行调节。例如，有的班主任产生职业倦怠，是因为不知如何有效管理学生，批评不敢用，奖励没效果，面对学生的问题行为束手无策，只有帮助他们提高应对学生问题行为的能力，才能够缓解其职业压力。

具体而言，可采用以下方法。

（1）运用认知重建策略，重新认识和调节压力源。班主任要学会剖析自己对压力源的认识和态度，认识压力的产生过程、认知改变在压力管理中的作用，了解人格特征与压力的关系等，并尝试做相应的心理调整。我国中小学班主任的压力源，主要来自学生管理、工作负荷、考试压力、自我发展需要、职业期望和家庭人际关系等。其中，学生管理和工作负荷是不同国家、不同民族中小学教师所共有的压力源；考试压力是我国中小学教师的一个重要压力源；自我发展需要是随社会发展而产生的新的压力源。班主任应弄清自己的压力源，把每天令自己烦恼的事情记录下来，经过一段时间之后可以从记录中找出自己认为重要的压力源，然后努力减少和控制这些压力源，不要忽视更不要掩饰自身的问题。

（2）运用情绪调控策略，化消极情绪为积极情绪。班主任要学会运用意识调节、语言调节、注意转移、行动转移、释放法等进行自我控制，以化解消极情绪，促进积极情绪的产生。班主任在每天的日常工作中，难免与领导、同事及学生发生一些不愉快的事情，它们会使班主任产生消极情绪，变得自怨自艾、退缩逃避或走向极端，陷入职业倦怠中。这时，班主任要反复提醒自己，进行自我暗示，如试着想一些好的事情，停止消极想法，暗示自己由急躁、抱怨、退缩变得情绪稳定、有条不紊，成为一个乐观向上、善待生活、充满激情的人。

（3）运用行为调控策略，通过放松训练缓解倦怠。行为调控策略主要是放松训练，它是降低班主任心理压力最常用的方法，它既是一种心理咨询技术，也包括通过各种身体锻炼、户外活动、培养业余爱好等来舒缓紧张的神经，使身心得到调节。放松训练可以化解脑力和体力上的紧张，让人摆脱烦恼和焦虑，肌肉松弛，内心宁静。气功、瑜伽、体育训练、健身等多种活动中，都包含有放松练习的成分。具体的放松方法包括渐进放松训练法、想象放松法、全身松弛法、冥想等多种形式。此外，班主任在工作之余也要积极参加各种有益的文体活动，以放松身心，缓解心理压力。

（4）运用社会支持策略，建立和谐工作和家庭环境。社会支持包括客观支持、主观支持和社会支持利用度三个维度，一般将社会支持分为六种形式：①相互依存关系，如夫妻、亲子间的相互依赖和关心；②可靠的结盟，如亲属、挚友的无私援助；③社会整合，指社交往来中的支持；④信任与安全，指个人在家庭、社会生活中的地位具有稳定性，能获得人们的信任，具有安全感；⑤抚育机会，指生子育子的机会，能够服务于人；⑥获得指引，即在生活中产生需要时，能及时获得帮助和指导。有效利用社会支持系统，可以与领导、同事、学生、家长建立良好的人际关系；能够改善班主任对自我价值和自我概念的认识；能够从同事、上级、家人、朋友和其他人那里寻求心理抚慰；也能够提高应对压力的能力，从而摆脱职业倦怠的困扰。

（5）适度使用心理防御机制，避免其消极作用。心理防御机制是一种适应环境的方式，如否认、置换、幻想、认同、分离、投射、合理化、退行、压抑、升华等，它的应用是非常普遍的，几乎每个人都在不知不觉地运用它。在职业倦怠产生初期，使用心理防御机制可以减轻心身反应，保持暂时的心理平衡状态。但心理防御机制也是一把双刃剑，具有正反两方面作用，其积极作用在于可以暂时解除内心的痛苦和不安，保持心理活动的平衡，不必为无关紧要的事耗费过多的精力；其消极作用在于难以从根本上消除紧张、焦虑等症状。从本质上说，心理防御机制是一种自我欺骗，因为现实中存在的问题并没有解决，当实际的工作生活中遇到重要的、关键的、非解决不可的问题时，过多地使用心理防御机制，会产生更大的挫折感，反而会进一步加大职业倦怠的程度。

（刘晓明，东北师范大学心理健康教育研究中心教授）

出版人　李　东
图书策划　池春燕
项目统筹　闫　景
责任编辑　颜　晴
版式设计　私书坊　郝晓红
责任校对　翁婷婷
责任印制　叶小峰

图书在版编目（CIP）数据

班主任遭遇成长困境怎么办？/ 赵福江主编 . — 北京：教育科学出版社，2021.11
（我该怎么办？：班主任工作疑难问题解决方略）
ISBN 978-7-5191-2778-7

Ⅰ. ①班… Ⅱ. ①赵… Ⅲ. ①中小学—班主任—教育心理辅导—教材 Ⅳ. ①G635.16 ②G479

中国版本图书馆 CIP 数据核字（2021）第 191556 号

我该怎么办？——班主任工作疑难问题解决方略
班主任遭遇成长困境怎么办？
BANZHUREN ZAOYU CHENGZHANG KUNJING ZENME BAN ?

出版发行	教育科学出版社			
社　　址	北京·朝阳区安慧北里安园甲 9 号	邮　　编	100101
总编室电话	010-64981290	编辑部电话	010-64981265
出版部电话	010-64989487	市场部电话	010-64989009
传　　真	010-64891796	网　　址	http：//www.esph.com.cn
经　　销	各地新华书店		
印　　刷	中煤（北京）印务有限公司		
开　　本	720 毫米 ×1020 毫米　1/16	版　　次	2021 年 11 月第 1 版
印　　张	15.5	印　　次	2021 年 11 月第 1 次印刷
字　　数	208 千	定　　价	49.80 元

图书出现印装质量问题，本社负责调换。